A grande luta

Adriano Wilkson

A grande luta

Um atleta brasileiro entre
a glória e o abismo

todavia

I.

Eu, que jamais gostei de lutas, me vejo cercado por três lutadores de MMA e um treinador, dentro do carro de um deles. Daqui a pouco nós vamos nos fechar num quarto para viver o que tem potencial de ser uma noite memorável. Mal conheço esses caras. Vai ser num quarto de motel. Eu, que jamais gostei de motéis.

O lutador profissional de MMA Acácio "Pequeno" dos Santos, os olhos cansados de quem suportou muitos anos nas últimas horas, tem 1,93 metro de altura e se aperta no banco de trás do Gol preto empoeirado. O carro avança na noite de Guarulhos, na região metropolitana de São Paulo.

No outro lado do banco traseiro, o treinador Magno Wilson tenta mitigar a tensão crescente desde o início da noite. Espremendo-se entre os dois, Mohamed Said, paraguaio filho de árabes, um cavanhaque a marcar o rosto anguloso, apenas balança a cabeça. Mohamed e Acácio precisam estar dentro do peso para lutar dali a dois dias, mas agora só querem que a noite acabe logo.

O motorista é Jhone, que subiu no octógono pela primeira vez depois que o irmão mais velho, também lutador, se suicidou – foi o modo que encontrou para honrar a memória dele. Jhone não vai lutar depois de amanhã, só veio dar uma força aos parceiros de treino. Eu estou no banco do carona. E então o carro para. A atendente lança um olhar curioso e hesita em nos dar as boas-vindas. O Gol entra silencioso e discreto no estacionamento do motel, cuja propaganda anuncia: *Suítes totalmente equipadas para seu maior prazer a partir de R$ 74 o pernoite.*

No banco de trás, Acácio parece definhar. Ele costuma ser um lutador temido pelos adversários, daqueles que derrubam um boi acertando um bom cruzado de direita. Com os músculos muito bem delineados, é um sujeito que ninguém gostaria de enfrentar numa briga. Mas agora está reduzido a uma máquina que funciona graças a uma gambiarra. É meia-noite de uma quarta-feira fria, e às dez horas da manhã seguinte ele deverá pesar exatos 84,3 quilos. Do contrário não subirá no octógono para uma luta dentre as mais importantes de sua vida.

Vinte dias antes ele estava com 104 quilos. Cortou doces, refrigerantes e o jantar. Encarou uma dieta radical de quatrocentas calorias diárias (a única refeição do dia consistia em quatro claras cozidas, quatro cabeças de brócolis, duas rodelas de pepino e alface à vontade). Trabalhava dezesseis horas em dois empregos e treinava duas horas no fim da noite.

Hoje, véspera da pesagem, comeu pela última vez às 12h00. Às 15h00, tomou seu último copo de água. Às 22h00, correu por uma hora embrulhado em filme plástico, com um moletom e uma capa de chuva por cima. Evaporou pouco mais de um quilo.

Às 23h30 engoliu um diurético. Meia hora depois entrou na suíte do motel para a pior fase de todo o processo: a desidratação radical. Acácio precisa perder 2,7 quilos nas próximas cinco horas. Com o vigor de quem acabou de ser atropelado por um caminhão, ele mal consegue andar. "Por que tem que ser assim?", eu pergunto ao treinador. "Porque as coisas são assim", ele responde.

Mal entramos no quarto e Jhone regula o termostato: 28°C. Magno abre a torneira da banheira. Acácio tira a roupa e, só de cueca, entra na água quente.

As paredes e o teto começam a suar, mas Acácio não. "Demora um pouco, mas aí é de uma vez só", diz o treinador, tentando se tranquilizar e acalmar os demais. Os lutadores se acomodam como podem na banheira, que borbulha. Cerca de 60% do corpo de um homem adulto é composto de água. Nela ocorrem as reações químicas fundamentais para o bom funcionamento do organismo. Sem ela, todos os órgãos sofrem. Acácio se levanta e se seca.

Não dá para perguntar o que ele está sentindo, porque nesse momento ele é incapaz de articular qualquer resposta. Seus olhos estão embaçados e distantes. As pálpebras se movem com dificuldade. A pele negra está enrugada; as articulações, travadas.

Acácio volta para a banheira como se tivesse oitenta anos. No dia seguinte, 29 de setembro de 2016, completará 25 anos.

À 1h05, ele tenta falar alguma coisa, mas de sua boca não sai som nenhum.

À 1h14, seu peito começa a expandir e contrair num ritmo frenético, embora sua única atividade tenha sido ficar deitado na banheira, com o corpo parcialmente submerso, suando.

À 1h30, precisa da ajuda de dois homens para sair da água.

À 1h44, mal consegue manter os olhos abertos por muito tempo.

À 1h55, tenta fazer xixi. Quase não há mais água em seu corpo.

Às 2h02, Acácio Pequeno tira a cueca, se seca, espera o corpo esfriar e sobe na balança, na esperança de cravar 84,3 quilos.

O ponteiro corre e para: 85 quilos.

"Essa porcaria deve estar quebrada", diz Magno Wilson. "Vamos lá no Extra."

Os dois lutadores caminham até a balança eletrônica do supermercado, dois zumbis perdidos na madrugada. Mohamed, que tinha dividido a banheira quente com Acácio, está tranquilo porque tem praticamente certeza de que conseguiu. Ele se pesa: 58 quilos. Está perto de sua meta e acredita que chegará lá sem dificuldade. Não festeja, não sorri, não parece ter força para nada.

Acácio tira a blusa e sobe na balança. Os ponteiros registram 85,55 quilos. Ele levanta o dedo indicador para informar que ainda precisa perder um quilo.

De volta ao motel, entra na banheira enquanto Jhone e Magno se põem a perscrutar gotículas de suor em sua testa e em sua careca. "Está começando a suar", se anima Jhone. "É só uma suadinha", diz o treinador, cansado. "A água não está quente o bastante."

Magno interfona para a gerência do motel e pede para aumentar a temperatura da água. Nada acontece. "Vamos ter que colocar o negão no carro", ele diz. E se dirige a Acácio, que parece distante, olhando sem ver: "O que você acha, filho?".

Acácio não está em condições de raciocinar.

"A desidratação é a pior parte do processo, mas o carro é a pior parte da desidratação", me explica Jhone, que já tinha passado por isso. "Teve uma vez que eu chorei ali dentro."

O carro é o último recurso, a tábua de salvação a que se recorre quando tudo o mais falhou. Acácio senta no banco do motorista. Magno se acomoda no do carona. Eles fecham a porta e ligam o motor. Acionam o ventilador para jogar ar quente para dentro. Em instantes o carro vira uma estufa. O vidro embaça. Quase dá para enxergar o ar pesado entrando nas narinas, labaredas queimando traqueia, peito, pulmões.

Jhone e eu observamos do lado de fora. Meu companheiro cronometra três minutos, o tempo que Acácio ficará sem abrir a porta.

Lá dentro, Acácio agoniza.

De fora, você tem a impressão de que ele vai apagar a qualquer momento. "Ele está no limite", adverte Jhone. Ao lado de

Acácio, o treinador dispara palavras de encorajamento: "Falta pouco, filho!", "Aguenta, vamos!".

A cada três minutos, Jhone faz um sinal e Acácio abre a porta – e respira um pouco do ar de fora, num alívio momentâneo. Mas logo se fecha no carro e o sofrimento recomeça. Os três últimos minutos são os piores.

"Um... dois... três... quatro...", começa Magno. É a contagem progressiva para o fim do último tiro no carro-estufa. Acácio limpa o suor do rosto. Tenta puxar o oxigênio, mas nada de ar em seus pulmões. Suas mãos se agitam no vazio, como que procurando um objeto perdido.

"Catorze... quinze... dezesseis..." Ele ameaça abrir a porta, mas desiste no último momento. Seu peito arfa como se o coração estivesse prestes a explodir. O rosto se contorce de dor, de extrema fadiga.

"Dezessete... dezoito..."

"E se acontecer alguma coisa agora?", me pergunto.

"Dezenove... vinte."

Acácio abre a porta de supetão. Põe a cabeça para fora como se fosse vomitar. "Calma, vai com calma", recomenda o treinador.

Ele é erguido com cuidado e, de volta ao quarto, submerge na água quente para mais alguns minutos de suadouro. Depois se seca e segue para mais uma pesagem. São quase cinco horas da manhã e estamos exaustos, todos. Em algum lugar da cidade os galos cantam. No quarto só se escutam as batidas do coração de Acácio.

Sem roupa, ele sobe na balança e olha para um ponto entre os pés:

Oitenta e cinco quilos.

"Essa balança tá doida", diz Magno Wilson.

"Vamos pesar na academia." Saímos. Enquanto os lutadores tentam cochilar no carro, moradores das redondezas esperam a condução para o trabalho. Paramos em frente à academia. Mohamed e Acácio se agasalham para não pegar frio.

Acácio caminha sem expressão definível até a balança antropométrica, mais precisa do que a analógica, aquela de banheiro que se compra em qualquer loja. Ele tira a roupa mais uma vez. Magno regula as duas barras de metal, a dos quilos e a dos gramas, e equilibra os pesinhos, que oscilam.

"Puta que pariu, viu", ele diz, e faz o sinal da cruz. "Graças a Deus!"

A balança marca 84,2 quilos. Acácio está dentro. E ainda com cem gramas a menos do peso limite. Dali a sete horas, depois da pesagem oficial, ele vai se submeter a uma dieta de engorda que o fará ganhar cerca de quinze quilos num único dia. A ideia é que, mais pesado, ele tenha alguma vantagem sobre o oponente, um rapaz menos encorpado que não terá passado por um processo tão radical quanto o dele.

É assim que as coisas funcionam no MMA, o esporte que mistura técnicas de várias artes marciais e figura entre os que mais crescem no mundo. No dia seguinte o lutador entrará no octógono do Thunder Fight, um dos maiores eventos de MMA profissional de São Paulo.

Segurança privado em duas empresas, Acácio sonha com a carreira de lutador. Filho de família pobre, deixou a cidade de Ponto dos Volantes, de doze mil habitantes, no nordeste de Minas Gerais, para se aventurar na capital paulista. Sua maior aspiração é chegar ao Ultimate Fighting Championship, o UFC, a empresa que contrata os atletas mais capacitados e organiza as melhores lutas de MMA do mundo. Naquele momento, seu cartel era de onze lutas e oito vitórias (seis por nocaute).

As três derrotas o deixam numa situação delicada, já que o UFC não costuma contratar lutadores com número alto de reveses. Um quarto malogro significaria praticamente o fim do sonho do UFC. E um pequeno detalhe faz o próximo combate de Acácio ser ainda mais dramático: seu adversário é Quemuel Ottoni, um lutador perigoso, filho de uma família com tradição no MMA.

Quemuel fez dez lutas desde que subiu no octógono pela primeira vez.

Não perdeu nenhuma.

2.

Em São Caetano do Sul, numa rua batizada em homenagem a um conde milionário, havia uma agência de banco que fechou sem aviso prévio. No lugar dos caixas eletrônicos, foram instalados sacos de boxe e um piso de borracha. Numa das paredes, um cronômetro mede os cinco minutos de cada assalto de uma luta profissional de MMA.

O espaço em que as pessoas faziam filas é hoje ocupado por um octógono cercado por um gradil que separa a fúria dos lutadores do público. Onde antes trabalhava um bancário, hoje está Quemuel Ottoni, tom de pele café com leite, bigodinho por fazer e as palavras JESUS CRISTO tatuadas no antebraço. Em hebraico.

O lutador sibila a cada soco, a cada chute, a cada cotovelada desferida num homem careca, que aperta os olhos para receber as investidas do lutador prestes a completar 24 anos, 91 quilos distribuídos em 1,83 metro, no auge do vigor físico.

É só um treino. Mas, quando o careca cai de costas, Quemuel projeta o corpo à frente e dá início a um espancamento de cima para baixo, o que na língua do MMA se conhece como *ground and pound*. Chão e porrada. O adversário não pode fazer nada além de se defender. Pelo menos calça umas luvas aparadoras, confeccionadas com uma borracha que absorve o impacto dos golpes. A sequência de socos termina. O careca levanta e cumprimenta o atacante, que três dias depois subirá no octógono para bater em alguém para valer.

"Eu respeito muito o Acácio", diz o lutador sobre seu oponente no confronto que ocorrerá na sexta-feira seguinte, dia 30 de setembro de 2016. "Mas quando a gente subir no ringue é a mãe dele ou a minha que vai ficar chorando depois."

Para Quemuel, o MMA é um esporte de família, até porque o homem careca que acaba de lhe servir de *sparring* é Gilberto Ottoni, seu pai e também seu mestre. Um belo dia Ottoni pai, especialista em sete estilos de luta diferentes, resolveu criar uma modalidade própria. Inspirado na filosofia kung fu e em filmes de David Carradine, inventou técnicas e golpes e usou os filhos como cobaias para a criação do komodô, a arte marcial da família. O mascote da academia é um imenso dragão-de-komodo, o maior lagarto do planeta, escolhido por sua capacidade de adaptação a diversos tipos de ambiente. "Esse senso de adaptação é o que mais a gente busca em um esporte como o MMA", Gilberto costuma dizer.

"Meu pai via fitas VHS de lutas, pensava num golpe novo e acordava a gente no meio da noite para experimentar", disse Israel Ottoni, o primogênito, também lutador. "A gente acordava às quatro da manhã, treinava e ia para a escola às seis." Os três filhos e as duas filhas seguiram os passos do pai, e em algum momento da vida subiram em ringues, tatames e octógonos.

Todos moram na mesma casa – são catorze pessoas, contando as crianças, os cônjuges e os agregados, que vivem, conversam sobre e respiram MMA 24 horas por dia. "Eu luto porque quero dar uma vida melhor para as minhas filhas", disse Quemuel, que já participou do Jungle Fight, considerado o evento mais importante da América Latina. "Mas não quero que elas sejam lutadoras."

Geralmente uma luta de MMA dura três rounds, mas pode ser interrompida caso um dos oponentes sofra uma violência tão intensa que o impossibilite de se defender ou o leve a perder a consciência. "Eu só sei de uma coisa", disse Quemuel, transpirando confiança. "Essa luta não vai ter os três rounds. Eu vou acabar com ela antes."

No dia da luta, Quemuel acordou às três da manhã para se alimentar. Passada a pesagem, em que ficou no limite dos 84 quilos, precisava engordar para o combate. Encarou um pacote de macarrão instantâneo sabor galinha caipira e voltou a dormir. Às 7h30 acordou de novo e comeu mais um pacote.

No meio da manhã tomou café e foi se exercitar. Depois cumpriu um ritual que se repete antes de qualquer luta: foi ao barbeiro passar máquina 1 no cabelo. Almoçou (macarrão, arroz e peito de frango), se despediu das duas filhas com um beijo e reuniu a família para uma última oração antes de pegar o carro rumo à Zona Leste de São Paulo.

Quemuel não gosta de ser incomodado nos minutos que precedem sua entrada no octógono. Engata um fone nos ouvidos, fecha os olhos e começa a socar o vazio. Incapaz de disfarçar a ansiedade, caminha de um lado para o outro, dando voltas em seu próprio eixo, um leão hiperativo preso no banheiro.

As caixas de som do ginásio anunciam seu nome e uma fumaça de gelo seco se espalha no ambiente. Quemuel sobe no octógono ao som de um hip-hop americano, uma batida urbana e soturna, mas ao mesmo tempo sensual, com letra pouco inteligível à torcida que grita seu nome. Os versos falam de um sujeito que imagina diversas maneiras de fazer sexo com uma mulher e depois se explica, meio cafajeste: "Ela só quer se divertir nesse fim de semana / Nós só queremos nos divertir nesse fim de semana".

Compenetrado, Quemuel repassa mentalmente as estratégias para finalizar Acácio Pequeno. No centro do octógono, ele curva o corpo à maneira oriental e saúda o público.

O nome de Acácio então se faz ouvir. O lutador sobe o primeiro lance da escada aos saltos e ensaia uma cara de mau.

Não dá muito certo: ele é muito simpático, a tentativa malograda resulta num olhar entre inexpressivo e assustado. O boné de aba virada para o lado não ajuda na construção de uma figura odiosa. Enquanto caminha em direção ao adversário, o público canta a plenos pulmões a música que o gigante escolheu para sua entrada triunfal: "Chopis Centis", dos Mamonas Assassinas: "Quanta gente! Quanta alegria!/ A minha felicidade é um crediário/ Das Casas Bahia...."

"Agora é guerra", diz a locutora.

Os lutadores tocam as luvas, sinalizam que a pancadaria já pode começar e passam a saltitar no octógono, naquela dancinha conhecida. Olham-se fixamente, a guarda levantada na altura do queixo; nos primeiros dois minutos, os socos e chutes acertam o ar.

Quemuel tenta um chute de carateca, mas Acácio desvia com facilidade, fazendo seu braço cair com força em direção ao peito do rival, que vira o corpo como em sincronia. "Ele não pode me derrubar", pensa Acácio, um mantra que o acompanha no último mês. Faixa branca em jiu-jítsu, ele sabe que ir ao chão com alguém mais graduado significa derrota praticamente certa. "Ele não vai me derrubar..."

E então Quemuel, mais leve e menor, empurra Acácio com força contra a grade, que cede ao peso dos dois. Acácio abre as pernas tentando não cair. Mas Quemuel o agarra pela cintura, gira seu corpo no ar e o derruba de costas, imprimindo todo seu peso sobre o peito do adversário. O tatame explode e estremece. Acácio responde com um uivo de dor.

"Porra, Acácio!", se desespera o treinador Magno Wilson.

Quemuel vence o primeiro round. No segundo e no terceiro, Acácio consegue equilibrar a luta acertando bons chutes na coxa do rival, que tem dificuldade em responder. Durante um bom tempo os dois reencenam uma curiosa brincadeira de gato e rato: enquanto Quemuel tenta a todo custo jogar o adversário no chão para finalizá-lo, Acácio luta para se manter em pé e encher o outro de socos, chutes e joelhadas.

"Komodô, komodô, komodô", canta uma parte da torcida. "Acácio, Acácio, Acácio", responde outra.

Os dois batem, apanham, absorvem a dor de cada golpe e a transformam em energia, mas quando voltam depois de cada intervalo se abraçam fraternalmente para deixar claro que aquilo não é pessoal, eles são apenas profissionais que estão fazendo seu trabalho.

E então, ao fim do terceiro round, a buzina de ar comprimido soa pela última vez. Os dois estão de pé, os dois acham que venceram. Quemuel levanta os braços comemorando. Acácio se joga no chão de joelhos para recuperar o fôlego. O árbitro os puxa pelos pulsos e os emparelha.

"A vitória, por decisão unânime dos juízes, vai para...", anuncia a locutora, estendendo o suspense ao máximo... "Acácio Pequeno!" Quemuel, as mãos na cintura, vira o rosto, sorri incrédulo e faz uma cara de "Vocês estão falando sério?".

Acácio ergue os braços e sorri. Caminha em direção ao adversário e tenta abraçá-lo. Quemuel não se conforma. Pelas suas contas, ganhou dois dos três rounds. Acácio se aproxima e beija seu rosto.

"O lutador da casa tinha que vencer mesmo", diz a irmã de Quemuel, indignada, numa referência ao duplo encargo de Magno Wilson – treinador de Acácio e responsável por acertar as lutas do evento.

O vencedor encara os protestos como se não fossem dirigidos a ele, e recebe um troféu do chef Henrique Fogaça, amante de artes marciais. No vestiário, enquanto tira as luvas, ouve do lutador Marcio Telles, seu melhor amigo e companheiro de treino, uma frase que resume a polêmica: "Quem bate mais chora menos".

Ainda sorrindo – Acácio está sempre sorrindo, ele só não sorri quando está desidratando dentro de um carro-estufa –, ele me avista no vestiário e agradece. "Obrigado por ter vindo aqui para assistir a tudo isso", ele diz. "Você acompanhou todo o processo, viu como é a nossa vida."

Lembro dele sofrendo dentro do carro, prestes a entrar em colapso, as mãos procurando a esmo um objeto no ar, os olhos revirando em desespero. "Valeu a pena?", pergunto.

Acácio sorri.

3.

Conheci Acácio em setembro de 2016. A reportagem que escrevi sobre seu esforço para perder peso e a luta final foi ao ar no portal UOL no dia 1º de fevereiro do ano seguinte. Depois disso a vida do lutador mudou. Seus colegas de serviço tiveram uma noção mais clara da rotina de um atleta de MMA. Também puderam entender por que nas refeições ele muitas vezes ficava só na alface. Um de seus chefes o cumprimentou pela coragem de sofrer tudo aquilo em nome de um sonho. Pessoas que nunca haviam se interessado pelo esporte disseram que torceriam por ele. Uma equipe de televisão foi entrevistá-lo durante um treino. Ele passou a ser assediado por fãs, que enchiam de palavras de carinho sua caixa de mensagem no Facebook.

Continuei visitando Acácio nos meses seguintes. Apesar de escrever sobre esporte havia seis anos, eu acompanhava o MMA tanto quanto, digamos, críquete ou bocha. Ignorava muita coisa sobre a modalidade, mas havia algo na trajetória daquele lutador tímido e aparentemente desconfortável em seu próprio corpo que me fascinava. E eu não era o único.

Em uma das visitas, ele contou uma história que eu já conhecia. A mesma história, o mesmo olhar que se perde no teto de vez em quando, as mãos ajeitando um bigode inexistente, penteando a sobrancelha, vagando sem objetivo, e então Jéssica Negrão, sua mulher, faz uma pergunta: "Você mostrou sua primeira bermuda?".

Ele salta da cadeira e corre em direção à escada. "Vou pegar", diz. Nós esperamos. Eu, sentado no chão da sala. Jéssica, numa cadeira à minha frente. Em um sofá azul entre nós dois, duas pessoas que tinham me pedido para conhecer o lutador: Pepe Mendina e João Nunes, diretor e roteirista de cinema, respectivamente. Eles queriam fazer um filme sobre Acácio – a dieta, o episódio da desidratação, a luta mais difícil de sua carreira. Tinham vindo do Rio Grande do Sul para conhecê-lo de perto.

Acácio desce. "Essa foi minha primeira bermuda", ele diz, rindo. Era um portal para o seu passado, quando pesava 130 quilos.

Os lutadores de MMA são divididos em dez categorias de peso,* de acordo com as regras unificadas do esporte definidas por comissões atléticas dos Estados Unidos e adotadas também em outros países. Como no boxe, os limites de cada categoria são estipulados em libras e, portanto, quando convertidos para quilos, são usadas casas decimais. Mas as faixas de peso do MMA não são as mesmas nem têm os mesmos nomes das de seu primo mais velho. Um peso mosca do boxe terá no máximo 112 libras (50,8 quilos), enquanto um peso mosca do MMA pode ir até 125 libras (56,7 quilos). No MMA, o peso galo terá 135 libras (61,2 quilos); o pena, 145 libras (65,8 quilos), e a tabela vai subindo até os superpesados, que não têm limite de peso. Durante a pesagem, em caso de lutas que não valem cinturão, os organizadores costumam adotar uma tolerância de uma libra (cerca de 450 gramas) acima do limite da categoria; em lutas pelo cinturão, não há tolerância.** Se um atleta falha

---

* Em julho de 2017 outras quatros divisões foram criadas. Algumas organizações também adotam o peso átomo (105 libras ou 48 quilos), para mulheres.
** Essa medida é adotada pelo UFC e pela maioria dos torneios importantes no Brasil. Em geral, no Brasil se arredonda a tolerância para quatrocentos gramas.

em alcançar o peso, ele pode sofrer punições como a perda de parte de sua bolsa ou mesmo a desclassificação.

A divisão de pesos foi criada para equilibrar fisicamente as lutas, mas ela funciona apenas em teoria. Como a pesagem é sempre feita na véspera do combate, tornou-se hábito generalizado a prática da perda radical de quilos para subir na balança e o ganho rápido depois. Se um atleta conseguir estar mais pesado que seu adversário no momento da luta, terá uma vantagem competitiva significativa. Trata-se de um expediente controverso que, de acordo com especialistas, pode no longo prazo trazer danos irreparáveis ao organismo daqueles que se submetem a ele. Nenhum lutador entra no octógono com os quilos de sua categoria e todos precisam conviver, desde seus primeiros dias de tatame, com a flutuação de suas massas corporais.

Essa realidade estava impressa naquela bermuda de Acácio. Agora cabiam dois dele naquele pedaço de tecido sintético, que podia ser enrolado em sua cintura como uma toalha. Pepe tira uma foto.

Pepe trabalhava com publicidade em Porto Alegre. Ao ler a reportagem sobre Acácio, resolveu rodar seu primeiro filme, um curta-metragem. O roteiro seguiria basicamente a cronologia da matéria. Ele gostava dos clássicos de cinema inspirados nas aventuras de lutadores de boxe. O MMA era o boxe da nossa geração. "Quero que você me ajude a fazer esse filme", ele me escreveu. Sua empolgação me contaminou. Topei. Acácio também.

Sempre me perguntei qual o impacto da minha presença nos eventos que narro, e como as reportagens que escrevo influenciam a vida das pessoas retratadas, se é que influenciam. Um dia, ao me apresentar ao dono de um torneio de MMA, Magno Wilson abriu um sorriso e disse: "Esse é o jornalista que ferrou com a carreira do Acácio". Entendi como uma brincadeira e sorri de volta.

Ele então explicou que, como treinador, tinha conversado com um empresário sobre a possibilidade de agenciar Acácio para tentar inseri-lo no UFC. O empresário havia lido minha matéria e recusou o acordo: "Ninguém quer um cara que parece que vai morrer antes de uma luta".

Não pensei que a reportagem tivesse de fato prejudicado o lutador. No dia em que o texto foi ao ar, ele recebeu várias mensagens de encorajamento pela internet. Teve até uma página de sua pequena cidade em Minas que reescreveu meu texto e transformou o filho da terra em herói épico.

Mas ele também foi criticado. Todas as críticas foram respondidas por Magno e sobretudo por Jéssica, que, lutadora ela também, entende os dramas da profissão. Ao expor sua batalha para perder peso, a reportagem atraiu os holofotes para um atleta que só não era anônimo dentro do mundo restrito dos amantes das artes marciais. Quando lhe perguntei o que tinha achado da matéria, Acácio foi muito claro: "Você só contou a verdade. Foi bom para as pessoas entenderem como é a nossa vida".

Até então eu jamais havia visto uma luta de MMA ao vivo e, em conversas de boteco, costumava me posicionar do lado dos que defendiam que era uma modalidade sangrenta, violenta e bárbara, que nem deveria ser considerada um esporte. Publicada a reportagem, meus encontros com o lutador e seus amigos se tornaram frequentes. Minha percepção do esporte mudou.

Quando Pepe, o publicitário gaúcho, outro estranho no universo das artes marciais, veio a São Paulo, fomos visitar a equipe de MMA em Guarulhos, na academia onde eles treinam. Pela primeira vez vi Acácio descrever o episódio da desidratação com um ar consternado. "Teve uma hora que eu achei que ia morrer", ele disse, sentado no tatame onde aprendera a lutar. Só naquele momento eu me dei conta de que ele seria capaz de qualquer coisa para atingir seu objetivo. Qualquer coisa incluía até chegar perto de perder a vida.

"Experiência de quase morte" foi o termo que Magno escolheu para descrever o que Acácio tinha vivido no motel. O processo de perda de peso e desidratação é um dos temas mais controversos do MMA e tem sido intensamente debatido. Em 2013, o lutador brasileiro Leandro Feijão, que desidratava para entrar no limite de sua categoria, passou mal horas antes de subir na balança, foi levado a um hospital e morreu. Três anos depois, entrevistei o lutador André Chatuba, um dos treinadores de Feijão, e ele disse ter certeza de que a morte de seu aluno teve ligação com o processo extenuante ao qual o lutador se submeteu.

No dia 13 de janeiro de 2018, horas antes de subir na balança, o jamaicano Uriah Hall passou mal no hotel onde tentava cortar peso para uma edição do UFC em Saint Louis, nos Estados Unidos, e foi levado às pressas para um hospital, causando comoção em quem estava a sua volta. Sua luta com o brasileiro Vitor Belfort precisou ser cancelada. A atleta Paige VanZant, que lutaria no mesmo evento e também estava no hotel, foi ao Twitter pedir orações por Hall e dizer que aquela tinha sido "a coisa mais assustadora" que ela já vira. O jamaicano sobreviveu. Em entrevista coletiva um dia depois, Dana White, o presidente do UFC, culpou o atleta pelo incidente. "Ele não leva as coisas tão a sério", disse White. "Existem formas seguras de cortar peso. Se você não consegue bater o peso, lute numa categoria acima."

"Que ator você quer que faça o seu papel?", eu provoquei Acácio quando nos encontramos para falar sobre o filme. Ele pensou bastante, como sempre faz antes de falar sobre qualquer coisa. "O Will Smith", disse.

Jéssica riu. Ela também já desejara fazer carreira nas artes marciais. De certa forma, ainda sonha com isso. Como ele, fez suas loucuras para lutar. O casal se conheceu quando ambos tinham a mesma aspiração, mas as circunstâncias da vida a levaram a se afastar de sua ambição. Eles tinham vinte e poucos anos e estavam naquela fase em que os desejos de infância geralmente entram em conflito com o mundo real. Alguém já disse que uma tábua de passar roupa é uma prancha de surfe que um dia resolveu procurar emprego.

Num canto da sala, iluminada como um altar e abençoada por uma imagem de Nossa Senhora Aparecida, uma estante guardava os troféus, medalhas e cinturões que os dois tinham amealhado ao longo dos últimos anos. Os prêmios de Jéssica eram mais numerosos, porém mais antigos. Os de Acácio reluziam.

"A gente ficava vendo o UFC em casa e um dia apostamos quem chegaria primeiro lá", contou Jéssica. "Eu apostei nele e ele apostou em mim. Ganhei."

"Mas eu ainda não cheguei no UFC", disse Acácio.

4.

Ladeada por uma complexa rede hídrica de aparência barrenta, Belém é uma cidade sobre a qual flutuam correntes de água formadas pela umidade que se desprende das árvores amazônicas. Invisíveis, esses rios se espalham por todo o continente, provocando chuva em lugares que de outra forma seriam desérticos. Quando atingem a cordilheira dos Andes, eles se materializam em água líquida, fazendo nascer o Amazonas e uma miríade de outros rios que correm a ele ou dele se desprendem. Essa massa de água cruza a floresta e chega a Belém, minha cidade natal.

No mercado Ver-o-Peso são vendidas diariamente 110 toneladas de pescado, cem de açaí e dezenas de litros de banhos de cheiro, infusões aromáticas para afastar o mau-olhado ou atrair a pessoa amada. As erveiras, mulheres com braços fortes e admirável poder de persuasão, servem-se da sabedoria indígena e africana sobre os segredos das plantas para produzir essências com nomes como *chama dinheiro*, *catinga-de-mulata* e *chega-te a mim*. Com uma convicção à prova de céticos, dizem que tais poções realizam os desejos de seus clientes – diluídas em água, as infusões devem ser usadas em banhos em ocasiões especiais como a virada do ano e o dia de São João.

Todo dia centenas de ribeirinhos atravessam o rio para vender seus produtos no chão de pedra do mercado, e os belenenses fazem o caminho contrário para beber cerveja e comer peixe, ou tomar banho em alguma das ilhas que rodeiam a cidade. Nos rios que correm em ilhas como a das Onças ou a dos Papagaios, ao sabor da correnteza flutuam cobras que os turistas tomam por tocos de árvore ou cipós recém-caídos. Todos os dias os hospitais municipais e pequenos postos de saúde atendem pessoas atacadas por arraias e outros animais peçonhentos, capazes de render às vítimas uma dor que dura semanas e uma cicatriz para o resto da vida (sei disso porque tenho uma).

Belém foi o lugar onde, no final do século XIX, Gastão Gracie sonhou em ficar rico. De família escocesa que se estabeleceu no Rio de Janeiro, ele falava oito línguas e costumava passar férias na Alemanha, onde havia concluído seus estudos universitários. Na volta, passava por Belém, um importante entreposto comercial da época. Em uma de suas visitas, enquanto vislumbrava oportunidades de negócio na cidade, conheceu a jovem Cesalina, por quem se apaixonou. Ficou por lá mesmo, surfando na onda da borracha que levou às maiores cidades da Amazônia um grande fluxo de investidores e aventureiros. Gracie fez de tudo. Durante anos foi dono da única fábrica de dinamites da capital paraense. Em depoimentos a um livro biográfico escrito por Reila Gracie, neta do patriarca, os filhos do empreendedor contam que a família se acostumou a dormir cercada por toneladas de explosivos. Se fossem acidentalmente disparados, poderiam levar pelos ares não apenas a casa, mas todo o quarteirão.

Os Gracie viviam no eterno equilíbrio entre a fartura e a carestia. Quando um empreendimento de Gastão prosperava, a família usufruía dos requintes aristocráticos e da fidalguia que o sobrenome estrangeiro sugeria; quando ele falia ou perdia uma fortuna no jogo, era preciso vender joias, móveis e roupas para alimentar temporadas de pobreza. Em dezoito anos, a família viveu em nove casas diferentes e nunca dois dos oito filhos de Gastão nasceram sob o mesmo teto em Belém.

Um dos negócios mais prolíficos do empresário foi um circo que excursionava pelo norte do país, divertindo as elites borracheiras. Lutas com artistas marciais estrangeiros eram uma das grandes atrações.

Há quem afirme que as primeiras manifestações do que mais tarde seria conhecido como jiu-jítsu surgiram na Índia por volta de 2000 a.C. Monges budistas que não tinham autorização para usar armas conceberam um sistema de defesa pessoal contra invasores e saqueadores baseado em torções, estrangulamentos e alavancas. Essas técnicas se espalharam pelo Oriente e deram origem a uma variedade imensa de estilos de luta para situações em que não se podia usar armas. Por volta do século XVIII, o Japão já registrava cerca de setecentos tipos diferentes de jiu-jítsu, termo que pode ser traduzido como "arte suave".

No final do século XIX, com a abertura do Japão ao Ocidente, um lutador de jiu-jítsu chamado Jigoro Kano resolveu criar uma nova arte marcial – também baseada nos princípios da tradição milenar, ela seria mais alinhada às necessidades de um país civilizado. Nascia assim o judô ("caminho suave"), uma espécie de jiu-jítsu moderno que com o passar do tempo, ao ser institucionalizado pelo Estado, se tornou o esporte nacional, criou regras novas e baniu movimentos considerados perigosos ou violentos demais. Hoje judô e jiu-jítsu são dois esportes distintos, mas essa diferenciação só seria explicitada na metade do século XX – antes eram termos intercambiáveis, sobretudo fora do Japão. Kano formou judocas que espalharam o esporte mundo afora. Um deles, Mitsuyo Maeda, conhecido como Conde Koma, imigrou para o Brasil.

Praticante de sumô na adolescência, Koma passou para o jiu-jítsu e foi um dos expoentes do judô nos primeiros anos do esporte. Após exibir sua arte em vários estados do país, ele se apresentou no maior teatro de Belém, o Theatro da Paz. E a história das artes marciais brasileiras mudou para sempre.

O primogênito de Gastão, Carlos Gracie, estava na plateia do teatro e se encantou. Ao conhecer o judoca, decidiu ser seu discípulo. Cansado de brigar nas ruas, o rapaz abraçou o esporte e logo começou a praticá-lo. Os negócios de Gastão acabaram não dando certo justamente quando o ciclo da borracha se aproximava do fim. A família se mudou para o Rio de Janeiro, levando o jiu-jítsu na bagagem de Carlos, que continuou a treinar, agora ao lado de seus irmãos, entre eles o caçula Hélio.

Os filhos de Gastão desenvolveram e aperfeiçoaram as técnicas de queda e luta no chão de tal maneira que definiram o que praticavam como um esporte inteiramente novo: o jiu-jítsu brasileiro. Para provar que a arte marcial inventada por eles capacitava o lutador a derrotar qualquer um apenas com técnicas de submissão, torcendo braços, pernas ou o pescoço do adversário, eles visitavam academias de outros esportes e propunham desafios.

Os Gracie transmitiram sua técnica para as sucessivas gerações da família, cuja prole numerosa e nômade se espalhou pelo mundo. Muito da fundação do MMA, as artes marciais mistas, se deve à necessidade quase obsessiva da família de provar que o jiu-jítsu é a única arte que pode submeter todas as outras.

5.

As coisas nunca foram muito fáceis para Acácio. Em Ponto dos Volantes, a cidadezinha mineira onde nasceu e se criou, jamais passou fome porque seu pai era agricultor e sua mãe merendeira. Se tudo o mais faltasse, sempre haveria feijão brotando do roçado. Vasculhando a memória daqueles tempos, porém, ele lembrou de um dia em que precisou comer feijão bichado de caruncho, um parasita parecido com um besourinho que costumava atacar as plantações da região. "Atacou tudo", ele disse. "Minha mãe ainda tirou uma parte, mas o bicho gosta de ficar bem dentro do grão, não teve jeito."

Laudeny era uma merendeira bastante querida na escola municipal, a ponto de pais e alunos terem organizado um abaixo-assinado para mantê-la quando um prefeito novo ameaçou demiti-la. Até os dezesseis anos, Acácio ajudava a mãe a vender salgados no intervalo das aulas.

Ele ia para a escola de manhã e depois da aula voltava com um suprimento de coxinhas, pastéis e enroladinhos. Como nunca quis depender de ninguém – característica que mais tarde as pessoas associariam a um orgulho besta que o impedia de se deixar ajudar –, conseguiu um emprego num projeto social da prefeitura, ajudando a organizar eventos escolares. Com o dinheiro, comprava cadernos, canetas, mochilas e roupas. Sua vida só começaria a tomar a forma que tem hoje quando um amigo lhe ofereceu um bico como vendedor de picolé. Acácio desempenhou tão bem que, quando esse mesmo amigo abriu uma lan house, ele o chamou para tomar conta do local.

O apogeu das lan houses coincidiu com o declínio de outra instituição que moldou a vida da juventude do final do século passado: as videolocadoras. Enquanto uma lan house surgia numa esquina, na outra desaparecia uma locadora de vídeos. E esses dois comércios seriam a porta de entrada de Acácio para o universo do MMA.

Além de oferecer acesso à internet, as lan houses tinham uma rede interna que permitia aos usuários de jogos virtuais atuarem na mesma partida simultaneamente, formando equipes, estimulando rivalidades, criando mitos e heróis. Substitutos de carrinhos e brincadeiras de tabuleiro, esses jogos se tornaram o palco preferencial de encenação das fantasias juvenis. Num dia você era um policial no Oriente Médio tentando desarmar uma bomba plantada por um terrorista; no outro, um nazista evitando ser bombardeado por um dos Aliados durante a Segunda Guerra. Aos poucos as lan houses passaram a desempenhar um papel importante para a sociabilidade de adolescentes que viviam os dramas da puberdade – espécie de "campinho" para quem não sabia jogar bola e era sempre o último a ser escolhido.

No final da adolescência, nos momentos de ócio que a supervisão da lan house lhe proporcionava, Acácio conheceu o MMA.

Na videolocadora de um amigo, ele por acaso havia encontrado um DVD cuja capa estampava o lutador Wanderlei Silva, um sujeito careca e meio atarracado, dono de um olhar maníaco. E a partir daí ele passaria dias assistindo a lutas do Pride Fighting Championship, ou Pride FC, cujos eventos ocorriam no Japão e no qual Wanderlei atuava.

Em 30 de junho de 2002, a Seleção Brasileira de Futebol entrou em campo no estádio internacional de Yokohama, no Japão, e venceu a Alemanha na final da Copa do Mundo. Dois gols de Ronaldo, Cafu levantando a taça e homenageando seu bairro diante do mundo inteiro e das 69 mil pessoas que puderam ver o jogo ao vivo.

Dois meses depois, a poucos quilômetros de Yokohama, outro evento deixaria sua marca na história. Junto com uma empresa parceira, o Pride FC, que havia sido fundado cinco anos antes, organizou um Grand Prix que ofereceu ao público japonês lutas de MMA e de kickboxing, espécie de boxe que permite golpes com as pernas. Mais de 71 mil pessoas lotaram o estádio olímpico de Tóquio, até hoje o recorde de público da história das artes marciais mistas – em 24 anos de vida, o UFC reuniu no máximo 56,2 mil torcedores numa mesma noite. "Isso aqui é a Copa do Mundo do MMA", exclamou o presidente do Pride. Anunciado como o "Godfather" do jiu-jítsu brasileiro, Hélio Gracie acendeu a pira olímpica do estádio.

Diante da multidão em êxtase e do show de luzes e sons, Stephen Quadros, o mestre de cerimônias, se empolgou ao introduzir o espetáculo ao público americano que assistia a tudo pela televisão: "É o Woodstock do MMA!".

Wanderlei Silva estava lá. Conhecido como "Cachorro Louco" pela maneira desembestada e arrojada com que avançava sobre os adversários, ou como "The Axe Murderer" (o "Machado Assassino", como foi traduzido no Brasil), por suas joelhadas e chutes quase letais, ele já era um dos rostos mais conhecidos da modalidade.

Para muita gente que acompanhou o esporte nos anos 1990, nunca haverá tanta diversão quanto o Pride, o evento mais popular até o início dos anos 2000. O UFC já tinha quatro anos quando ele foi criado, mas eram os japoneses que pagavam as melhores bolsas, reuniam os melhores atletas e atraíam multidões. O octógono, assim como o conjunto de regras que transformaria um espetáculo sangrento e quase bárbaro num esporte palatável às famílias ocidentais, e, portanto, comercializável, são uma criação do UFC. No Pride, os lutadores combatiam em ringues cercados por cordas e eram submetidos a regras bastante flexíveis, muitas vezes combinadas dias antes da luta (e nem sempre seguidas à risca). Uma luta padrão tinha um primeiro round de dez minutos e outros dois de cinco. Havia menos categorias de peso e elas pouco importavam. Não era raro alguém de, digamos, setenta quilos enfrentar um grandalhão de mais de cem.

Além das disputas pelo cinturão, havia os Grand Prix, torneios em que os atletas se enfrentavam até que sobrasse um campeão, sistema popularizado em filmes de luta famosos nos anos 1990, como *O Grande Dragão Branco*, com Jean-Claude Van Damme. Nesse universo, Wanderlei Silva, paranaense de Curitiba, reinaria por anos como o homem invencível. Mas em seu caminho um dia apareceu um certo japonês.

Kazushi Sakuraba tinha tudo para não ser levado a sério fora do mundo do entretenimento japonês, ininteligível a ocidentais desavisados. Empregado de uma empresa de telecatch, ele ficou famoso encenando lutas caricaturais em que os "atletas" são arremessados pelos ares e fazem cara de dor ou desespero antes e depois de cada golpe. A empresa em que Sakuraba trabalhava era uma das mais populares da tevê japonesa, e embora seu diferencial fosse apresentar combates mais próximos da realidade e mais distantes da galhofa, ainda assim os resultados eram predeterminados pelo roteiro do espetáculo.

Quase tão apaixonado por artes marciais quanto por gincanas transmitidas na tevê, o povo japonês estava carente de heróis. Ao entrar no ringue para enfrentar Wanderlei Silva, Sakuraba era o depositário das expectativas de milhões de torcedores. Apelidado de "The Gracie Hunter", "O Caçador dos Gracie", vencera quatro membros do clã, um feito impressionante, inédito no esporte.

A trajetória internacional dos Gracie havia começado com Rorion Gracie. Depois que a família conheceu o judô japonês em Belém do Pará e criou sua própria versão do jiu-jítsu, o Rio de Janeiro começou a ficar pequeno demais para o clã. Hélio, mignon e frágil, batizou seus nove filhos com nomes que começavam com R, uma letra que a família considerava "forte". Além disso, ensinou a todos as técnicas que havia criado. Rorion Gracie resolveu levar esses conhecimentos aos Estados Unidos e se tornou um dos fundadores do UFC, em 1993. No final dos anos 1990, porém, a família voltou sua atenção ao Pride.

Até a oitava edição do torneio japonês, os Gracie mantinham uma aura de invencibilidade que transformava cada portador do sobrenome em semideus. Corria a lenda de que a família tinha passado os últimos quarenta anos sem sofrer nenhuma derrota, desde que Hélio perdera para Waldemar Santana, um ex-aluno, numa luta de vale-tudo que durou quase quatro horas. Embora essa invencibilidade pudesse ser contestada historicamente, quem acompanhava esse mundo nos anos 1990 acreditava que, independentemente do que acontecesse durante uma luta, se havia um Gracie no tatame, ele daria um jeito de vencer. Eles dominavam uma arte cujo segredo havia sido passado diretamente pelos patriarcas e, por mais que pudessem apanhar muito, em algum momento pegariam de jeito um braço, uma perna, e dariam um golpe certeiro que deixaria o oponente sem reação.

Era isso que Sakuraba enfrentaria em 1999, na oitava edição do Pride. Os Gracie escolheram outro dos filhos de Hélio, Royler, para representar a família. Como ele era muito menor e mais leve que o japonês, uma vitória sua mostraria mais uma vez ao mundo a supremacia do jiu-jítsu sobre as demais artes: não importa o seu tamanho, diziam os Gracie, com a técnica certa você pode derrotar qualquer um.

Durante a luta, Royler passou a maior parte do tempo tentando jogar o adversário ao chão para finalizá-lo; ele sabia que, se partisse para socos e chutes em pé, seria facilmente nocauteado. Como Sakuraba se mantinha de pé, Royler mudou a estratégia: jogou-se no chão e convidou o japonês a sentar sobre seu peito. O oponente não topou e preferiu responder dando chutes fortes na coxa e na bunda do brasileiro.

Quando os dois finalmente foram ao chão, Sakuraba conseguiu encaixar um golpe. O braço do brasileiro se contorceu até a altura do pescoço e, embora o japonês fizesse cada vez mais força, Royler jamais bateu no tatame, num claro indício de que não estava lá para desistir. Um dos juízes laterais resolveu tomar uma decisão e encerrou a luta, dando vitória a Sakuraba. Os Gracie protestaram, pois segundo as regras combinadas previamente a luta só terminaria em caso de desistência ou nocaute.

O resultado foi mantido, e a derrota transformou uma hegemonia de décadas em pó. O clã sem dúvida buscaria vingança.

O próximo oponente de Sakuraba seria Royce Gracie, campeão do primeiro UFC. O Pride fez questão de vender a luta como um duelo de honra para os Gracie. É claro que a família não limparia seu nome de qualquer jeito: ela impôs uma série de regras que fariam desse combate um dos mais estranhos da história do MMA. Para começar, Royce exigiu que a luta não fosse dada por encerrada pelos juízes, que assim não poderiam usufruir da prerrogativa de julgar. Tampouco deveria haver limite de tempo – o confronto poderia durar eternamente ou até que um dos lutadores fosse nocauteado ou desistisse.

Sakuraba aceitou a excentricidade, não sem antes protestar à sua maneira: apareceu para a imprensa vestindo uma fralda geriátrica, já que num combate sem hora para acabar ele talvez precisasse fazer xixi... Durante a luta, abusou de seu repertório dos tempos do telecatch, e de alguns "golpes" que incluíam envolver a cabeça do adversário em seu próprio quimono e desamarrar o fio que segurava suas calças. Quando

Royce se distraía, ele voltava as costas e se virava para o público, com um sorrisinho irônico. Quantas pessoas podem dizer que deram as costas a um Gracie no meio de uma luta e sobreviveram para contar?

O bom humor de Sakuraba era também um mecanismo de defesa, e ele conseguiu se sair muito bem das tentativas de Royce de finalizá-lo. E também castigou o campeão com fortes chutes na perna que afinal acabaram causando o maior prejuízo da noite. No final do sexto round, os dois estavam dispostos a voltar, mas um deles não tinha condições: Royce. Ele tinha apanhado duramente a noite inteira e se dispunha a apanhar ainda mais, na luta mais longa do último meio século, com noventa minutos de violência. Mas a família foi contra. Uma toalha voou no tatame.

O público japonês explodiu: Sakuraba havia vencido o maior Gracie em atividade.

A noite ainda não havia terminado. O Pride era um torneio tão peculiar, se pensarmos nos parâmetros atuais, que, após lutar por noventa minutos, Sakuraba voltou ao ringue para mais um combate. O ucraniano Igor Vovchanchyn, seu adversário, era considerado um dos melhores pesos pesados (até 120 quilos) do mundo – o japonês lutava como meio-médio (até 77 quilos). Eles se enfrentaram por um round, tempo previamente combinado, e Sakuraba conseguiu segurar um empate. Os juízes decidiram que deveria haver um segundo assalto para definir o vencedor, mas o time de Sakuraba jogou a toalha, entendendo que ele já tinha tido o suficiente naquela noite.

Ao todo, Sakuraba havia lutado por 105 minutos – 21 rounds em uma luta do UFC atual, que dura no máximo cinco.

Mas as vitórias sobre Royce e os outros Gracie (ele ainda venceria Renzo e Ryan, além de Royler, o primeiro) fariam de Sakuraba uma estrela do Pride. Até surgir Wanderlei Silva.

O confronto entre eles também era uma reedição da rivalidade entre brasileiros e japoneses: o "Caçador dos Gracie" engoliria mais uma presa tropical.

Mas naquele dia de março de 2001, quando Wanderlei entrou no ringue, ele logo exibiu um dos golpes mais representativos de sua agressividade e do esporte: o tiro de meta. Tiro de meta, evidentemente, é um termo emprestado do futebol, mas ilustra a estética de um tratamento cruel que Wanderlei costumava dispensar aos adversários. A mecânica do golpe é simples: quando o oponente estiver no chão, você chuta a cabeça dele como um goleiro chutaria uma bola ao cobrar um tiro de meta.

Anos depois esse golpe seria proibido, relegado a uma lista de selvagerias vetadas por um esporte que quer ser digno do nome; no entanto, naqueles tempos do Pride, o tiro de meta não só era permitido como incentivado. Depois de levar alguns deles, além de joelhadas e socos variados, a Sakuraba só restou se reduzir a uma massa amorfa de confusão e sangue, e ficar engatinhando no tatame, tateando como se em busca de um botão que pudesse ejetá-lo dali. Enquanto isso Wanderlei batia. Finalmente o juiz encerrou a carnificina. O brasileiro foi declarado vencedor. Foram 98 segundos de luta.

Wanderlei e Sakuraba ainda se enfrentariam outras duas vezes, e o curitibano venceria ambas. As três vitórias fizeram parte de uma sequência invicta de dezoito lutas e ajudaram Wanderlei a ser alçado à condição de estrela máxima da companhia, o cachorro louco mais louco da matilha.

Foi por esse tipo de coisa que Acácio se apaixonou. Ele já praticava capoeira e logo correu atrás de outros vídeos de MMA. Por essa época ele também gostava de futebol, mas "gostar" seria um termo impreciso.

"Eu sabia tudo o que acontecia com o Corinthians", ele me disse um dia. "Todos os jogadores, os titulares, os reservas, a comissão técnica, os esquemas táticos. Era o assunto preferido de todas as minhas conversas." É difícil imaginar Acácio envolvido assim com futebol. Hoje, ele não sabe nem quando será o próximo jogo do Corinthians, mas vê com disciplina religiosa todas as lutas do UFC, franquia que acabou comprando o Pride e contratando seus lutadores, como Wanderlei Silva. De certa forma, sua transição de um esporte para outro emula outros milhões de pessoas que nos últimos anos vêm aumentando a popularidade do MMA, a ponto de fazerem alguns lutadores quase tão conhecidos e muitas vezes mais ricos do que jogadores de futebol.

Mas demorou para que Acácio quisesse peitar o que aqueles malucos peitavam. Em Ponto dos Volantes, ao terminar o ensino médio, ele resolveu seguir os passos do irmão e do pai, que haviam deixado Minas para tentar a vida em São Paulo. Os dois trabalharam no corte da cana em cidades como Ribeirão Preto e Barrinha. Acácio resolveu se estabelecer em Guarulhos, onde conseguiu um emprego como metalúrgico. Era naquela época que pesava 130 quilos. Um dia abriram uma academia bem perto de sua casa, e ele resolveu emagrecer. Quem o conheceu lembra do aluno relapso. "Para cada série de musculação, ele ficava quase meia hora parado, descansando", recorda Djavan Ancelmo, o dono da academia. Acácio não nega. Sempre odiou musculação.

A academia tinha uma equipe de muay thai, um boxe tailandês que permite golpes de pés e cotovelos. Acácio decidiu encarar e gostou. À medida que emagrecia, fazia planos de lutar. Até que o treinador Magno Wilson decidiu transferir sua equipe de MMA para a academia de Djavan e convidou Acácio a se juntar a eles.

Magno diz que desde os primeiros dias viu em Acácio talento e força de vontade. Preparando-se para seu primeiro combate, ainda como amador, o rapaz sentiu que havia muita expectativa sobre a sua pessoa. Ao estrear no octógono, partiu para cima do oponente como um desesperado, ao modo de Wanderlei Silva. Acácio imaginou que agindo assim o sujeito se assustaria. Mas não: o outro reagiu rápido. Fincou as pernas longe de Acácio e estabilizou o próprio quadril, evitando ser jogado ao chão. Vendo Acácio desprotegido, montou em suas costas e lhe aplicou um mata leão, apertando com força seu pescoço. Não à toa o golpe mata leão tem esse nome, e Acácio, que não chegava a ser uma fera, resolveu desistir. "Perdi em quarenta segundos", ele lembra, com um sorriso constrangido.

Mesmo com a derrota, Magno persistiu no projeto que traçara para Acácio e o aconselhou a se profissionalizar. Em lutas profissionais, os atletas não usam proteção para a cabeça nem para as pernas; as luvas costumam ser menos acolchoadas; o nível de desgaste e preparo exigido é obviamente maior. Profissionais costumam receber dinheiro para competir e prêmios em caso de vitória. Com a popularização do esporte, no entanto, se tornaram comuns lutas profissionais sem dinheiro garantido – ou com calotes.

Acácio venceu sua primeira luta profissional por nocaute técnico no segundo round e conseguiu emplacar vitórias em torneios pouco conhecidos, o que o ajudou a chegar ao topo da categoria num dos rankings nacionais.

6.

Quando encontrei Acácio numa tarde de abril de 2017, um vento esfriava as ruas de um bairro modesto em Guarulhos. O portão da casa estava aberto, à maneira das cidades do interior. Entrei e Acácio surgiu da cozinha, vestindo camiseta e jeans sujos de tinta e poeira de cimento.

Ele estava reformando o sobrado em que passaria a morar com Jéssica. No dia anterior, lutadores de sua equipe foram ajudar nas obras. A pequena churrasqueira no quintal ainda trazia vestígios das cinzas do carvão que assara a carne. Os rapazes trocaram o piso e pintaram as paredes. Parentes do casal doaram móveis. Havia uma garagem para o Celta financiado em várias prestações. O aluguel, mais baixo do que o praticado na região, era de quinhentos reais – cortesia do senhorio, que era o pai de Jéssica.

A sala de estar contava com apenas duas cadeiras. Sentamos e o novo inquilino pôs-se a relatar um drama pessoal. Ocorrera havia pouco, de modo que os detalhes, a sequência, os pensamentos e as emoções ainda estavam vivos em sua memória.

E Acácio pôs-se a narrar o que lhe acontecera. Um dia ele ainda vai rir dessa história, suponho, mas naquele instante esse dia parecia muito distante.

Lutadores de MMA amam entrar no octógono, mas em geral odeiam tudo o que precede esse momento. Eles enfrentam horas intermináveis de treino físico repetitivo, passam fome e sede em dietas bizarras, flertam com a inanição e com a desidratação. Mas, por mais preparados que se sintam, do outro lado do octógono sempre haverá outro homem lutando pela mesma coisa. São muitos os clichês que definem a filosofia dos lutadores, que não se cansam de repeti-los: treino difícil, luta fácil; dois homens entram, um sai; lá dentro tudo pode acontecer; quem bate mais chora menos; se for para ser será.

"Não era para ser", me disse um amigo de Acácio quando comentei sobre o drama do lutador. "Deus sabe o que é melhor." Mas, para entender o que tirou o sono e a alegria dele, é preciso retroceder ao que aconteceu em sua vida desde a última luta.

Algumas semanas depois de vencer Quemuel Ottoni, Acácio estava em casa (ele morava com a irmã) quando atendeu um telefonema de Jéssica. Ela chorava muito.

O romance dos dois começara alguns anos antes. Eles haviam conversado pela primeira vez durante um torneio de lutas que era também uma balada: um round de combates se alternava com outro de uma banda tocando os sucessos do momento. Jéssica, que então tinha namorado, era campeã de caratê e já havia feito a transição para as artes marciais mistas. Acácio acompanhava um colega que lutaria no evento. Quando Jéssica lhe disse que não conseguia enxergar os combates porque havia muita gente e ela não era tão alta, ele ofereceu o ombro para a garota se apoiar e buscar um ângulo melhor. Em algum momento eles dançaram, ou pelo menos tentaram. Movimentaram o corpo numa sincronia trôpega, e isso de alguma forma desajeitada deu certo.

Passados alguns dias, Acácio soube que Jéssica havia terminado o namoro. Ele se animou, mas, muito tímido, não tomou nenhuma iniciativa. Foi sobretudo graças a ela que os dois começaram a se encontrar, primeiro durante os treinos e depois fora deles. Beijaram-se pela primeira vez numa passarela que cruza a via Dutra, a estrada que liga São Paulo ao Rio, e sentiram que ficariam juntos. Mas como treinavam diariamente na mesma academia, preferiram esconder o envolvimento. Não sabiam como os outros reagiriam. "Eu descobri que eles tinham ficado na mesma hora", me disse o treinador Magno Wilson, que se gaba de entender seus lutadores melhor do que eles mesmos, e de cuidar deles como filhos.

Acácio atendeu o telefone e logo descobriu por que ela estava chorando. Ela foi direto ao ponto: "Estou grávida. A gente tem que casar". O coração do lutador disparou. Ele tomou banho e pegou um ônibus até a casa da namorada, que morava com os pais num pequeno apartamento. No caminho, foi refazendo seus planos. Como seria a vida agora? Como se adequar à nova realidade? Teriam dinheiro suficiente?

Eu já havia conversado com alguns lutadores que se viram pais no meio da carreira. Muitos têm pensamentos dúbios sobre o futuro do bebê. Em geral são pessoas com formação escolar precária, que veem no MMA a chance de tirar a família da penúria. Mas poucos gostariam que os filhos seguissem o mesmo caminho. Não é como um jogador de futebol, que decerto levará as crianças ao treino e às peladas, comprará chuteiras e assistirá a jogos pela tevê no domingo.

Quemuel Ottoni tinha me dito que não gostaria de ver as filhas no octógono. Outros lutadores manifestaram desejos semelhantes. "Se ela quiser, vou inscrevê-la no jiu-jítsu", me disse um dia a mulher de um lutador do UFC às vésperas de dar à luz. "Mas MMA, não."

Lembro de ter telefonado a Acácio pouco depois de saber da novidade. Da minha parte, eu também tinha notícias: queria lhe contar do projeto de escrever um livro sobre a vida dele. Ele gostou da ideia, sim, claro, seria ótimo! "Mas e você, como está se sentindo?", perguntei, me referindo à paternidade recém-descoberta e não planejada.

"Estou feliz, muito feliz", ele disse. "Mas, sabe, a gente sempre fica um pouco preocupado também, né? Ter um filho assim… as coisas não estão fáceis."

Um lutador de MMA é um atleta que tem poucas oportunidades de mostrar serviço e avançar na carreira. Em geral – até para se recuperar do desgaste que sofre em combate –, ele luta de quatro a cinco vezes por ano, se tiver a sorte de não sofrer muito no octógono. Se você pensar num jogador de futebol, que pode entrar em campo até duas vezes por semana, é uma diferença considerável. Entre cada luta, há um tempo de preparação, treino e dieta que pode durar dois meses. Quando não está treinando ou lutando, um atleta como Acácio Pequeno, que não tem patrocínio fixo, precisa arrumar um serviço.

Já fazia tempo que ele atuava como segurança, porteiro e faz-tudo de uma fábrica de alimentos em Guarulhos. Complementava a renda com um bico numa transportadora, em que desempenhava praticamente a mesma função; com o acirramento da crise econômica na qual o país havia mergulhado, os donos da transportadora resolveram enxugar o quadro de funcionários e ele acabou perdendo o bico.

Foi nesse contexto de insegurança e sem metade da renda que ele recebeu a notícia de que dali a alguns meses haveria uma pequena versão de si mesmo para sustentar. E de que também teria de providenciar uma casa. Lembrando de uma antiga aspiração infantil de um dia se tornar policial ou bombeiro, Acácio decidiu se inscrever no concurso público da PM. O salário era melhor e as possibilidades de crescer na carreira eram consideráveis. E ele também gozaria da satisfação de atuar numa função mais valorizada socialmente.

Imbuído desse sentimento, o lutador começou a estudar para a prova. Quando sobrava tempo no trabalho e nos fins de semana, ele acessava aulas na internet sobre história do Brasil, gramática, legislação e também sobre seu principal terror de infância, agora transmutado num monstro ainda mais assustador: a matemática.

No dia da prova, Acácio acordou confiante. Foi trabalhar normalmente e revisou parte do conteúdo no YouTube. Pediu à chefia para largar mais cedo e contou com a ajuda de um colega que o rendeu antes de seu horário de saída. Tomou um ônibus intermunicipal até uma praça no centro de São Paulo; como estava com fome, parou num bar das imediações para improvisar um almoço. Comeu um salgado e comprou uma garrafinha de água mineral sem gás.

Entrou na sala para fazer a prova levando a garrafa de água. Sua estratégia era a mais básica de todas: começar pelas disciplinas fáceis e deixar as mais cascudas para o final. Resolveu as questões de história, de língua portuguesa, de legislação; concluiu o rascunho da redação e o passou a limpo. Bateu cabeça com perguntas que envolviam cálculos. Chutou algumas, intuiu outras. Completou o cartão-resposta cobrindo a caneta cada quadradinho reservado à marcação das alternativas corretas. Mais tarde, uma máquina leria as respostas.

Quando chegou à parte de matemática, resolveu repensar algumas decisões. Olhou no relógio e viu que tinha tempo. Pediu à fiscal para ir ao banheiro. Seria uma oportunidade para refletir sobre as escolhas matemáticas que teria de fazer. A fiscal pediu para ele esperar um minutinho. Ele esperou. Estava com sede e tomou um pouco de água. Apoiou a garrafa no braço da carteira onde estava sentado.

Esperou.

Esperou um pouco mais.

A fiscal o chamou, autorizando-o a ir ao banheiro. Acácio se levantou, esbarrou na garrafa e ela tombou sobre a carteira. A tampa, desenroscada, já estava longe. E a água fluía em direção ao cartão-resposta. Durante um combate, um lutador de qualquer arte marcial precisa se mover muito rápido. Eles costumam ter treinos específicos para apurar o próprio reflexo. "Levite como uma borboleta, espete como uma abelha", tinha dito Muhammad Ali, o maior pugilista de todos os tempos.

Mas para esse golpe Acácio não havia se preparado. Quando ele alcançou a garrafa, seu cartão-resposta já estava ensopado e a tinta escorria pelo papel. Ele tentou secá-lo, remediar o acidente esfregando o papel na roupa, mas não teve sucesso. A fiscal foi solidária e recebeu o documento. O lutador manteve um fio de esperança. "Ela disse que às vezes eles aceitam", ele lembrou. Às vezes você passa cinco assaltos apanhando como um cachorro mas no final seu braço acerta o ponto certo no queixo à sua frente e você ganha uma luta inesperada. Às vezes.

Dias depois ele conferiu o gabarito: tinha conseguido a pontuação para a próxima fase. No dia do resultado, porém, ao lado de seu nome e de seu número de inscrição, oito letras traduziam com frieza a dimensão daquela tragédia. INVÁLIDO.

A notícia foi um baque para os amigos e para a família, que haviam testemunhado seu empenho. Mas ao menos um amigo tratou de colocar as coisas em perspectiva. Católico fervoroso, Djavan, o dono da academia onde ele treina diariamente, preferiu creditar ao desígnio divino o derramamento daquela água. "Quem sabe o que poderia ter acontecido se o Acácio um dia se tornasse PM?", refletiu. "Sair na rua nessa loucura, ficar trocando tiro com bandido... Se isso aconteceu, talvez Deus tenha outros planos e esteja deixando ele em segurança aqui perto da gente."

Depois de perder um emprego e a chance de brigar por outro, Acácio se preparava para morar com Jéssica, mudar de casa e ajeitar a vida enquanto esperava um filho que chegaria em breve. No meio disso tudo, veio a possibilidade de lutar outra vez. Ele se empolgou, mas ainda demoraria um tempo para que a maré virasse a seu favor.

7.

Paulo Borrachinha é um lutador peso médio que se tornou o que Acácio Pequeno gostaria de se tornar um dia: um contratado do UFC. Eles não se conhecem, embora tenham em comum o fato de ambos já terem lutado contra Quemuel Ottoni, o homem que Acácio derrotou no fim de setembro de 2016 em São Paulo.

Cinco meses antes era Borrachinha quem se preparava para enfrentar Quemuel em um torneio nacional conhecido como Jungle Fight. Mas Quemuel, alegando um problema de saúde jamais suficientemente explicado, se retirou do combate. Borrachinha venceu o substituto com facilidade e, depois de outras vitórias impressionantes, acabou contratado pelos americanos. Certa ocasião, na academia em Guarulhos, perguntei a Acácio e equipe o que achavam de Borrachinha, que estava prestes a estrear no UFC. Eles riram. "Não tem muita chance não", me disse o treinador Magno Wilson. "É só tamanho." Acácio concordou e disse que gostaria de enfrentar o lutador um dia.

Os dois são parecidos em tamanho, embora Borrachinha exiba o físico torneado de um super-herói de história em quadrinhos. Os dois têm sonhos semelhantes, mas cada um traçou uma história bastante diferente. Enquanto Acácio precisava conciliar os treinos com dois empregos como segurança, Borrachinha teve, desde a adolescência, o privilégio de viver apenas da luta.

A primeira vez que ouvi falar dele foi em março de 2017. No fim de uma tarde de quarta-feira, na redação do UOL, num arranha-céu cuja fachada metálica reflete o centro financeiro da cidade, do canto do meu monitor pulou uma janela de bate-papo. Era um de meus editores. "Estou pensando", ele escreveu, "em te mandar para o UFC Fortaleza. Para você relatar o outro lado da moeda. Como é o *mainstream*."

O *mainstream*. Como a gente tinha abordado a realidade dos lutadores de MMA em pequenos torneios do Brasil (o que alguns de nós já estávamos chamando de "o submundo do MMA"), agora seria o momento de descrever a rotina de quem já havia conseguido cavar um lugar no Olimpo dos lutadores, o UFC. Hotéis luxuosos, grandes patrocínios, suporte de uma equipe bem preparada, entrevistas coletivas, sessões de fotos, autógrafos, a abordagem dos fãs… A ideia era descrever o contraste entre essa realidade e a dos brasileiros anônimos que sonhavam um dia chegar lá.

"Tem algum *persona* que esteja indo pela primeira vez para esse circo?", perguntei a meu chefe. *Persona* ou *personagem* é como jornalistas se referem às pessoas reais que aparecem em suas reportagens.

"Tem!!!!!!!!!!!", ele respondeu, assim mesmo, com dez exclamações. E foi então que li pela primeira vez o nome de Paulo Borrachinha – de cara, soou como apelido de jogador de futebol. Nas semanas seguintes, entre uma matéria e outra, li tudo o que já havia sido publicado sobre ele, fucei seus perfis nas redes sociais e consegui o telefone de seu treinador. Conversei com colegas especializados na cobertura do UFC e em poucos dias tinha um encontro marcado com Borrachinha e sua equipe, que treinavam no Rio de Janeiro para a grande estreia no UFC Fortaleza.

Passei dois dias na Barra da Tijuca com ele e seus dois treinadores, acompanhei os treinos e rodei pela cidade no carro popular que haviam trazido de Minas. Depois, fiquei quase uma semana com eles em Fortaleza e vi, a poucos metros de distância, a primeira luta de Borrachinha no maior torneio do mundo.

Quando ouviu seu nome ser anunciado, Paulo Henrique Costa, o Borrachinha, subiu ao palco e tirou o agasalho. Só de cueca, mostrou o físico construído em sete anos de luta.

Subiu na balança, nem olhou o peso e posou para as câmeras com os músculos retesados. Como se fosse um animal selvagem enjaulado, deu um grito e fez seu corpo tremer. O público, empolgado, se preparou para aterrorizar seu oponente.

Ao ser anunciado, o sul-africano Garreth McLellan caminhou até o palco com calma. Ouviu muitas vaias, mas não reagiu. Tirou a roupa e subiu na balança. Conhecido como "Soldier Boy", "Garoto Soldado", fez uma continência em direção ao público. A barba dourada e farta dificultava a leitura de seu semblante. Quando as vaias cessaram, chegou a McLellan, vindo dos fundos do ginásio, o grito de guerra que a torcida brasileira se acostumou a proferir para intimidar os lutadores estrangeiros do UFC: "Uh, vai morrer, uh, vai morrer!".

No momento em que os dois se encontraram frente a frente, Borrachinha fez o favor de traduzir o refrão ao sul-africano. "*Look into my eyes*", ele disse, com raiva, apontando os próprios olhos. "*You're gonna die.*"

McLellan não disse nada.

Uma semana antes de encontrar o adversário, Borrachinha viu o mundo se esvair durante um treino. Ele tinha acabado de derrubar um homem de mais de cem quilos, Antonio Rogério Nogueira, o Minotouro. Num contra-ataque sorrateiro, Minotouro conseguira impor o peso de seu corpo sobre o peito de Borrachinha, os braços de pedra comprimindo seus pulmões, apertando seu pescoço e impedindo-o de respirar.

Se um lutador de MMA pode levar décadas aprendendo todos os milhares de golpes para machucar e submeter um adversário, bastam alguns segundos para ele entender um estrangulamento. Dentre todos os fantasmas a assombrá-lo, não conseguir sair de um estrangulamento bem aplicado é um dos mais terríveis. Coloque um braço no lugar errado e você já era. Não abaixe o queixo no momento certo e você já era. Os poucos segundos de sufocamento parecem durar anos.

Quando percebeu que seus braços não conseguiriam afastar os de Minotouro; quando seu sangue começou a irrigar o cérebro portando cada vez menos oxigênio; quando as artérias do pescoço começaram a ficar tão pressionadas que o fluxo sanguíneo chegou perto de parar; quando o coração deu sinais de que estava quase a explodir no peito, Borrachinha olhou para o relógio do octógono.

Faltavam poucos segundos para o round terminar. Ele olhou para o relógio mas não conseguiu ver as horas. Seu técnico gritou quantos segundos faltavam, como quem sugere que dá para aguentar um pouco mais, mas Borrachinha não ouviu. Sentiu o oponente pressionar seu corpo com mais força. O mundo começou a escurecer.

Numa situação dessas, um lutador tem duas opções. Ou resiste silenciosamente ao estrangulamento esperando por um milagre, ou bate nas costas do adversário para avisar que não aguenta mais. Era só um treino, e Borrachinha resolveu bater nas costas de Minotouro, que o soltou rápido e levantou do chão molhado de suor. Era um treino com socos e chutes de verdade, com estrangulamentos de verdade, que podiam te fazer apagar (ou "dormir", como os fãs de MMA gostam de dizer), mas ainda assim apenas um treino.

Dali a exatamente uma semana ele entraria no octógono outra vez, agora pra valer. Depois de sete anos lutando em torneios pequenos; depois de dormir no chão e ser atacado por marimbondos em alojamentos superlotados; depois de fazer oito lutas, conseguir oito vitórias (sete delas por nocaute ainda no primeiro round) e dois cinturões, ele tinha finalmente recebido a ligação que todo atleta de MMA espera receber.

"O UFC chamou", ele ouviu o treinador dizer enquanto tomava café na varanda de casa num fim de tarde de dezembro. "Nossa hora chegou."

Paulo Henrique Costa é mineiro de Contagem e tem 25 anos. Os músculos de aço, o olhar simpático de moleque imberbe, a mandíbula angulosa e os 2,5 graus de miopia lhe renderam o apelido, entre os lutadores, de "Clark Kent".

A poucos dias da grande luta, ele olha atentamente para a tela do celular. A cena de seu estrangulamento se reflete em *looping* nos óculos de aro largo, que o fazem parecer um hipster bombado. Borrachinha herdou o apelido do irmão mais velho, Carlos Borracha, que é seu treinador de jiu-jítsu. Quando Carlos começou a lutar, todos se impressionaram com a flexibilidade de seu corpo, daí o apelido.

Borracha e Borrachinha, sentados lado a lado, repassam a cena do estrangulamento, tentando encontrar um jeito de evitá-lo caso ocorra na semana seguinte. "Nessa hora você precisa colocar o braço assim", ensina Borracha, deixando transparecer um leve sotaque mineiro ao fim de cada sílaba.

"Nessa hora você precisa me avisar", responde Borrachinha. Eles sempre analisam os movimentos dos treinos, se aconselham e às vezes discutem. Borracha costuma dizer que Borrachinha ficou gigante (ele tem 1,82 metro e quase cem quilos quando está fora de competição) porque foi o único da família que mamou até os três anos.

O lutador tem ainda outro técnico, Rubens Dórea, um baiano que um dia já treinou o boxeador Acelino "Popó" Freitas. Ligeiramente acima do peso, durante os treinos Dórea absorve no peito ou nos braços a maior parte dos golpes de Borrachinha. Ele e Borracha dizem que o lutador tem potencial para ser um atleta de ponta no UFC. E Borrachinha não só acredita nisso como sabe exatamente o que fazer com o oponente de sábado.

"Essa luta vai acabar no primeiro round", ele disse, quando nos encontramos pela primeira vez, num condomínio de luxo em que estava hospedado no Rio. "Vou encher esse cara de porrada."

Mas ele não quer ganhar apenas a luta. O UFC costuma pagar a seus calouros dez mil dólares por luta e mais dez mil em caso de vitória. A organização também distribui um bônus de cinquenta mil dólares para as melhores performances da noite. Esse bônus é o maior objetivo de Borrachinha, e é por isso que ele treina duas vezes por semana com Minotouro, um dos lutadores mais duros do país.

8.

Fazia pouco mais de um mês que o lutador e seus técnicos estavam naquele imóvel emprestado na Barra da Tijuca, se preparando para a primeira luta de Borrachinha no UFC. Apesar de integrar um condomínio rico, o apartamento não dispunha de móveis na sala, nem de louças ou talheres na cozinha.

Recém-contratado pelo maior evento de MMA do mundo, o lutador descansava em colchonetes. Uma televisão no chão falava sozinha, transmitindo um sinal analógico da Globo cheio de chuvisco. Em um dos banheiros, um vaso sanitário jazia fora de combate. Carlos Borracha assistia em seu celular às lutas do UFC 209, em Las Vegas, usando a senha do wi-fi emprestada do vizinho.

Foi nesse alojamento improvisado que a equipe recebeu a visita de uma pessoa que todos ansiavam conhecer havia muito tempo. De bermuda e camiseta esportiva, o deputado federal Jair Messias Bolsonaro bateu à porta. Como não tinha sofá nem cadeira, ele conversou com Borrachinha e seus técnicos sentado no chão da sacada.

Estava acompanhado do filho Eduardo, também deputado federal. O então pré-candidato a presidente da República disse que estaria torcendo por Borrachinha em sua estreia no UFC. Dando uma olhada nas condições do apartamento, ele se sentiu à vontade para brincar: "Eu vim da merda assim como vocês".

Borrachinha e seus técnicos confirmaram a impressão que tinham de que o deputado é uma pessoa simples e humilde.

Chegou sem seguranças, apesar de andar sempre armado, e falou com eles de igual para igual, sem a empáfia que se poderia esperar de um político famoso.

"Muitas pessoas no MMA se identificam com o jeito dele", me disse Borrachinha depois, quando conversamos sobre política. "Mas muitos têm receio de admitir. Ele fala sempre o que pensa, não fica preocupado em fazer média, e por ser do Exército tem essa questão da disciplina, que tem tudo a ver com a nossa vida."

Em conversas com outros lutadores, treinadores, promotores e torcedores de MMA, fiquei com a sensação de que as preferências políticas desse meio confirmaram a análise de Borrachinha. Acostumado a defender Bolsonaro nas redes sociais, o lutador já havia ganhado vários admiradores.

Durante uma noite, sentados no chão do apartamento, conversamos sobre alguns temas controversos. Apesar de ter nascido no começo dos anos 1990, Borrachinha defendeu alguns aspectos da ditadura militar que governou o país por 21 anos ("Só apanhou quem estava fazendo alguma coisa errada", ele disse, ecoando os nostálgicos do regime). Explicou ser contra o que chama de "kit gay", uma cartilha sobre questões de gênero e sexualidade voltada a crianças e adolescentes que foi alvo de polêmica há alguns anos. E também defendeu que a polícia torture presos em busca de informações.

"Um grupo sequestra o seu irmão, por exemplo", ele disse, apontando Carlos Borracha, "e os caras começam a mandar partes da orelha dele. A polícia prende um cara e pergunta onde estão os outros e onde está seu irmão. O cara não diz. Você acha que tem que perguntar outra vez? Tem que torturar até ele falar."

Em 2016, após vencer uma luta por nocaute no primeiro assalto, o mineiro vestiu o cinturão do Jungle Fight e foi entrevistado ainda no octógono. Diante das câmeras, tirou a camiseta. Embaixo havia outra, com o rosto de Bolsonaro de óculos escuros e a frase: "O Brasil precisa de mais justiça". "Esse país está cheio do corruptos", discursou o lutador, enquanto a repórter tentava tirar o microfone de suas mãos. O protesto contra a corrupção fez Borrachinha ganhar centenas de fãs entre os apoiadores de Bolsonaro e chamou a atenção do deputado.

O lutador prometeu que, se ganhasse sua primeira luta no UFC, repetiria o gesto, agora para uma plateia ainda maior. "Se eu puder, quero influenciar as pessoas a votar nele porque acredito que o país precisa de um cara assim no poder."

Se por um lado essa militância o promove entre os apoiadores do deputado, por outro ela o afasta de quem reprova o político. Leitores do UOL que pouco conheciam sobre MMA, mas que haviam se identificado com a trajetória de Acácio, disseram que perderam o interesse pela história de Borrachinha assim que descobriram que ele era eleitor de Bolsonaro. Na internet, o mineiro certamente recebeu críticas por defender uma figura acusada de disseminar discurso de ódio, mas elas foram menores do que os elogios e nunca o fizeram arredar pé de sua postura.

Nesse mesmo dia, perguntei se alguma vez ele já tinha votado em algum candidato do Partido dos Trabalhadores. "Nunca", ele respondeu, com um orgulho sutil. "Nem eu nem ninguém lá em casa."

Só que as coisas nunca são tão simples assim, conforme ele revelaria depois: "Mas já votei naquele velhinho, como é o nome? O Plínio!".

Plínio de Arruda Sampaio, fundador do PT, foi candidato à Presidência pelo Partido Socialismo e Liberdade em 2010 e morreu quatro anos depois. "Num debate, ele deu uns cortes na Dilma que eu gostei", disse Borrachinha.

Mal entrou no lobby do hotel cinco estrelas em Fortaleza, onde se hospedavam os atletas e suas equipes, executivos e funcionários do UFC, além de alguns jornalistas privilegiados, Borrachinha sentiu o perfume floral do ambiente. Num lago artificial nadavam peixes ornamentais, em algum lugar perto do restaurante corria uma pequena cascata. Ele foi apresentado às instalações do hotel, ao quarto confortável que dividiria com seus treinadores. Duas salas de conferências haviam sido transformadas em tatames, onde eles poderiam treinar até o dia da luta.

A organização procura evitar que lutadores que vão se enfrentar convivam antes da luta. Os atletas são divididos entre vermelhos e azuis, conforme a cor do punho da luva que usarão no grande dia. Os dois grupos têm salas de aquecimento e treinamento separadas, e são sempre transportados em carros ou ônibus diferentes.

Borrachinha, do time azul, posou para fotos oficiais, assinou cartazes, recebeu uniformes e equipamentos novos. Foi orientado a não aparecer diante da imprensa com roupas de marcas diferentes da patrocinadora oficial do evento. Tinha a tranquilidade e as condições ideais para vencer a luta mais importante antes da luta em si: o corte de peso. Ele pesa cerca de 97 quilos quando está fora de competição, mas compete na categoria até 84 quilos, a dos médios. Teria menos de uma semana para eliminar os treze quilos excedentes.

9.

O Ultimate Fighting Championship nasceu em Denver, no Colorado, em 12 de novembro de 1993. Um de seus idealizadores, o brasileiro Rorion Gracie, inscreveu um irmão mais novo, Royce, para lutar um torneio cujo primeiro cartaz de divulgação trazia a frase "Não há regras". Na linha sucessória da família Gracie, Royce vinha depois de Rickson, um lutador experiente e temido, mas ganhou a preferência por ser mais próximo de Rorion e mais franzino que Rickson. Uma das diretivas do UFC era comparar as principais artes marciais praticadas, propiciando o confronto de representantes de cada uma delas. Royce seria a cara do jiu-jítsu brasileiro. Se o pequeno Royce vencesse o torneio, superando grandalhões, os Gracie provariam sua teoria de que, se dominasse a técnica certa, mesmo uma pessoa fisicamente mais fraca que o oponente poderia subjugá-lo.

Além de ser o menor dos competidores daquela edição do UFC, Royce nunca havia lutado profissionalmente. Havia ido aos Estados Unidos a convite de Rorion porque a mulher dele, sua cunhada, percebera que o garoto levava jeito com crianças. Antes ou depois dos treinos na academia dos Gracie na Califórnia, Royce atuava como *baby-sitter* dos filhos do casal. Em três combates no UFC, conseguiu submeter os adversários, foi campeão e começou a se tornar uma lenda das lutas. Os detratores do MMA acreditam, muitas vezes injustamente, que os lutadores são brutamontes insensíveis, mas não custa registrar que o primeiro campeão do maior torneio do esporte trabalhava como babá.

Antes da estreia de Royce, o octógono recebeu o atleta de sumô Teila Tuli, um havaiano obeso, como costumam ser os praticantes da modalidade. Mal a luta começou, e Tuli já estava de joelhos no tatame: o chute do kickboxer holandês Gerard Gordeau o havia acertado direto na boca. Os locutores se surpreenderam ao avistar um dente voando por cima do octógono, junto com um filete de sangue. Outro dente ficou cravado na perna de Gordeau. Tuli cambaleou e, mesmo com o maxilar em frangalhos, não jogou a toalha. Rorion Gracie pressionou o árbitro a dar prosseguimento à carnificina, mas ele a interrompeu. Diante daquele espetáculo de sangue e dentes, a torcida, instigada pela promoção de um evento tão heterodoxo, teve logo de cara uma noção exata do que seria aquele torneio.

O holandês acabaria chegando à final, num confronto com Royce. Acabou estrangulado – não sem antes dar uma mordida na orelha do brasileiro. "Não há regras", dizia o regulamento...

Há quem diga que a grande contribuição daquela experiência inaugural em Denver para o que viria depois foi o octógono. Rorion Gracie não queria que as lutas do novo torneio se dessem num ringue de boxe, porque ele já vira muita gente evitar ser surrada escapando por entre as cordas. Era fundamental que a arena fosse delimitada de modo a impedir que, uma vez começada a luta, alguém saísse correndo. Por outro lado, mais do que uma competição esportiva, aquilo era um programa de televisão: o local das lutas deveria facilitar o trabalho da equipe de transmissão. Antes de chegarem ao modelo atual – um tatame de oito lados cercado por uma grade e com espaço para a circulação de câmaras –, eles pensaram em outras possibilidades. Cogitaram uma cerca elétrica em volta do tatame, mas o risco de uma eletrocussão mais séria os dissuadiu da ideia. Alguém aventou a hipótese de instalar um fosso com jacarés ou piranhas ao redor da arena, mas a sugestão foi descartada por razões logísticas.

Até hoje não há um consenso sobre a paternidade do octógono tal como o conhecemos. Designers, produtores da empresa responsável pela transmissão do evento e até o promotor de outro torneio ocorrido meses antes do primeiro UFC reivindicam a invenção. O octógono acabou sendo a principal marca do UFC desde sua estreia.

Com o tempo, o torneio se civilizou e incorporou regras e proibições para proporcionar mais segurança aos atletas. Chutes na cabeça são proibidos se o sujeito estiver caído – cenas parecidas com as protagonizadas por Gordeau e Tuli não nos serão oferecidas. Médicos passaram a acompanhar os combates e os interrompem a qualquer momento quando percebem que um atleta está mais vulnerável do que deveria.

Recentemente, a equipe médica do UFC não autorizou o prosseguimento de um combate depois que um americano levou duas joelhadas na cabeça, ficou meio zonzo e não conseguiu responder perguntas como "que dia é hoje?". Mas se agora o torneio é bem diferente de quando a única regra era não ter regra, o apelo midiático permanece o mesmo. Pensado desde as origens como um produto televisivo, o UFC mantém uma relação bem próxima com as emissoras dos países em que é transmitido.

Na hierarquia dos eventos com a marca UFC, os mais importantes são aqueles que trazem um número após a sigla. Desde que foi criado, a organização vem numerando em sequência crescente os principais combates, aqueles que são transmitidos nos EUA e no Canadá apenas no sistema *pay-per-view*, e que portanto geram mais dinheiro à franquia.

No UFC 4, em 1994, Royce Gracie derrotou o gigante Dan Severn depois de mais de quinze minutos nos quais o atleta de 113 quilos usou seu peso para imobilizar o brasileiro. No 16º minuto, Gracie conseguiu uma chave de perna que fez o adversário bater no tatame e desistir da luta. O duelo estourou em dois minutos o tempo máximo de transmissão do *pay-per-view*, obrigando a organização a reembolsar aqueles que não conseguiram assistir ao desenlace.

O UFC 126, em 2011, exibiu aquela que foi vendida como a luta do século entre os dois brasileiros mais famosos do torneio. Anderson Silva acertou um chute preciso na bochecha direita de Vitor Belfort e o derrubou. Belfort ainda receberia dois socos no rosto antes de ser salvo pelo árbitro.

Já um UFC do tipo Fight Night, transmitido também na tevê fechada americana, reúne lutadores menos importantes ou com pouco tempo de carreira, e em geral não envolve disputa de cinturão, como é comum nos eventos numerados. Mas inclusive num torneio Fight Night, mesmo sendo um estreante entre atletas mais experientes, Borrachinha viveu a experiência de um lutador do UFC.

IO.

Na véspera da luta, que ocorreria no sábado dia II de março, Borrachinha levantou com os primeiros raios de sol e às sete da manhã já estava treinando, embrulhado numa roupa de plástico e num grosso moletom. Faltavam duas horas para a pesagem e ele ainda precisava perder um quilo e meio.

No dia anterior, colegas jornalistas que participavam da cobertura haviam se reunido num bar, mas preferi dormir cedo para acompanhar o processo de desidratação de Borrachinha no dia seguinte. O destino – ou melhor, a administração do meu hotel – não colaborou. Atacado por uma crise de rinite, decerto provocada pela péssima circulação de ar num quarto sem janelas, passei a noite em claro, sem respirar direito e com uma dor de cabeça dilacerante. Quando encontrei Borrachinha e sua equipe, eu estava um caco. Solidarizei-me com o lutador ao tomar conhecimento de que ele também não pregara o olho – não por rinite, mas por fome e sede.

Ainda assim era preciso treinar. A cada round de socos e chutes, o lutador deitava no chão e Rubens Dórea o cobria com uma capa de papel-alumínio e várias toalhas: era preciso suar muito. E suar rápido. Ele já estava sem ingerir líquidos havia 24 horas e vinha se alimentando muito pouco, só algumas castanhas e pequenas quantidades de peixe e folhas. Sua dicção, sempre muito fluida, estava atrapalhada; seu olhar, cansado.

"Pega a toalha, Borracha", ele dizia, ríspido, ao irmão. "Rápido, corre!" Borracha obedece. Cinco anos mais velho, ele entende o mau humor do irmão naquelas circunstâncias.

Ao subir na balança, o lutador deverá pesar no máximo 84,4 quilos, contando com uma tolerância acima do limite da categoria que os organizadores costumam dar, do contrário sua estreia no UFC já terá um início claudicante.

Às nove em ponto, Borrachinha e Rubens Dórea são encaminhados à sala de pesagem. O mineiro diz estar tranquilo, acredita ter feito tudo que pôde e sente que suou tudo de que precisava. De qualquer modo, a organização dá uma tolerância de duas horas para emagrecer a quem ainda não alcançou o peso ideal.

Borrachinha sobe na balança eletrônica: 83,9 quilos. Depois, na frente de alguns jornalistas e das equipes dos lutadores, ele sobe em outra balança e posa para fotos. Ao sair, bebe uma garrafa inteira de água e, sorrindo, devora um sanduíche.

Nas horas seguintes ele matará a sede com água, Gatorade e Pedialyte, um soro recomendado a crianças que apresentam diarreia e vômitos. E tirará a barriga da miséria com pães, macarrão e purê de batata, que o serviço do hotel entregará em seu quarto.

Vai ganhar onze quilos e chegar revigorado à pesagem aberta ao público.

Apenas quem acompanha de perto o UFC sabe que, na verdade, a pesagem cerimonial na noite que precede a luta deixou de ser oficial. Esse costuma ser o primeiro grande evento do fim de semana, quando os lutadores, apresentados à torcida e à imprensa, promovem a tradicional "encarada" que os fãs tanto apreciam. Às vezes têm a chance de falar alguma coisa.

Os atletas efetivamente sobem numa balança, e a organização continua chamando a coisa toda de "pesagem", mas na verdade, naquele momento, o peso dos lutadores pouco importa. A verdadeira pesagem, a única que conta para definir se uma luta ocorrerá ou não, aconteceu às nove da manhã, no hotel, longe dos olhos do público e de boa parte da imprensa.

Mas foi durante a pesagem cerimonial que Borrachinha pôde ficar frente a frente com Garreth McLellan e lhe dizer, cara a cara, que ele iria morrer. Ao se encararem diante da torcida, Borrachinha e McLellan mantiveram o olhar firme por longos doze segundos, apartados um do outro pelo braço de um funcionário da organização, como que a impedir que um olhar de desafio se transformasse em briga real.

Antes mesmo de encontrar o adversário, Borrachinha imaginava que poderia aproveitar esse momento para intimidá-lo, para mostrar que, mesmo sendo novato e nove anos mais jovem, não era para brincar que ele tinha passado os últimos dois meses treinando. "Vou fazer esse cara se cagar de medo", ele disse.

Mas depois da encarada, ao se encontrarem nos bastidores, a interação foi mais amistosa. Borrachinha chegou a se surpreender com a atitude do rival. "Ele deu uma de simpático. Abriu a porta e segurou para eu passar", contou depois. "Fiquei esperando alguma provocação e já tinha uma resposta pronta, mas ele só deu passagem com a mão e disse '*Please, please*'. E ainda ficou me olhando sorrindo como se dissesse 'tchau'."

No dia seguinte, já passava das nove da noite quando as luzes do Centro de Formação Olímpica do Nordeste, em Fortaleza, se apagaram. Careca, com barba de guerreiro viking, o sul-africano foi recebido com vaias e xingamentos. Cercado por uma multidão agressiva, por seguranças e técnicos, ele se dirigiu ao octógono para enfrentar o estreante brasileiro.

Entre *riffs* de guitarra e uma bateria de trovão, ouviu-se a voz de Brian Johnson, do AC/DC, ecoando "Thunderstruck" no ginásio. "*I was caught/ In the middle of a railroad track/ I looked round/ And I knew there was no turning back/ My* *mind raced/ And I thought what could I do/ And I knew/ There was no help, no help from you ...*"*

Paulo Borrachinha e Garreth McLellan esfregaram os pés no chão para secá-los do suor que lhes escorria das pernas e depois caminharam em passos lentos pela extensão do *cage*, a jaula, o nome pelo qual o octógono de MMA é conhecido. Encaravam-se sem desviar os olhos, mantendo a tensão no ponto máximo, até que Borrachinha apontou para o peito do rival e depois para o chão, enquanto o público o estimulava, cantando para McLellan: "Uh, vai morrer, uh, vai morrer!".

E então o massacre começou.

Borrachinha se apresentou com um chute de direita que acertou a coxa de McLellan. O sul-africano ameaçou responder, mas refugou. Confiante, repetindo o movimento de seus treinos, o brasileiro, depois de tentar acertar a distância de seus socos – sem sucesso, pois a guarda do rival estava bem preparada –, encontrou um caminho fértil com os pés.

Seu segundo chute acertou McLellan na altura da cabeça, mas foi parcialmente defendido com as mãos. O terceiro atingiu em cheio as costelas do Garoto Soldado e o som da pancada encheu Borrachinha de ânimo. McLellan se viu pela primeira vez contra as grades, quase incapaz de conter a fúria do rival.

Mais um chute na costela. Outros socos na cabeça. Depois do quinto chute, McLellan parecia acuado. Ele tentava prever os movimentos do adversário, em vão. Um fotógrafo acostumado a cobrir torneios menores me disse que no UFC é preciso aumentar a velocidade do obturador da câmera, do contrário não se consegue captar o movimento dos lutadores. "Em geral a velocidade fica em 320", ele disse. "No UFC eu coloco

---

* Eu fui pego no meio dos trilhos de uma ferrovia. Olhei ao redor e vi que não tinha como voltar. Minha mente acelerou. Pensei no que eu poderia fazer. E eu sabia que não havia nenhuma ajuda, nenhuma ajuda vinda de você.

entre 1600 e 2000." Dois mil significa que o obturador da câmera fica aberto por um tempo equivalente a um segundo dividido por 2000. "Mil é o que a gente usa para fotografar automobilismo." Nessa velocidade, McLellan não conseguiu se defender dos golpes de Borrachinha, que, percebendo seu olhar acuado, partiu para cima.

Quando McLellan sentiu o sexto chute explodir em suas costelas, a luta começou a acabar. Os socos de Borrachinha empurraram o rival contra a grade e depois contra o chão. De joelhos, com o rosto escondido entre os braços, o sul-africano ficou indefeso enquanto o brasileiro despendia toda sua energia martelando sua careca. O cronômetro marcava 1min17s quando o árbitro não viu alternativa senão poupar McLellan de mais sofrimento. Ele interrompeu a luta e confirmou o nocaute técnico do calouro sobre o veterano. Borrachinha levantou-se, triunfante, de braços abertos, para receber os gritos da torcida. Como se já soubesse que a luta terminaria daquele jeito.

"Paulo Borrachinha deixa sua mensagem em Fortaleza", disse o locutor do UFC. "Que forma incrível de causar uma boa impressão aos fãs de MMA do mundo inteiro!"

O MMA é um esporte sangrento. Naquela mesma noite, em outra luta, um choque de cabeças abriu um corte profundo na testa do peso galo americano Joe Soto e transformou o octógono numa mesa de açougueiro.

Depois da luta, recuperado do massacre, o sul-africano se aproximou do rival e elogiou sua performance. Borrachinha o abraçou longamente e disse que gostaria de se tornar seu amigo. Uma citação de Shakespeare tatuada em espanhol nas costelas de Garreth McLellan traduz o sentimento que une duas pessoas que se encontram em uma jaula para uma luta de MMA: "Você que derrama seu sangue comigo será para sempre meu irmão".

Entrevistado no octógono logo após o combate, Borrachinha agradeceu seus treinadores e patrocinadores, e perguntou ao público se ele não merecia o bônus de melhor performance da noite.

Quando o apresentador estava prestes a anunciar a próxima atração, o lutador lembrou-se de uma antiga promessa. Agarrou o microfone e, dirigindo-se aos milhares de pessoas ali presentes e aos outros milhões ligadas na tevê ou na internet, gritou: "Bolsonaro 2018!". O público se dividiu. Metade gritou em apoio, a outra metade vaiou. Ele pareceu não dar ouvidos.

Radiante com a vitória arrasadora, desceu do octógono e me encontrou sentado na primeira fileira entre dois outros repórteres. Estendeu a mão direita para me cumprimentar. "Meu amigo!", ele disse. E logo sumiu no corredor de novos fãs que o receberam com tapinhas na cabeça e nas costas. Na entrevista coletiva, minutos depois, um repórter de tevê retomou cauteloso o assunto Bolsonaro, evitando nomeá-lo propriamente, como se seu nome fosse contagioso ou desse azar. "Bolsonaro é um cara em quem eu acredito muito e virou meu amigo", o lutador respondeu.

Borrachinha foi fazer o exame antidoping. Tentou voltar ao ginásio depois para ver as outras lutas ao lado de amigos e da namorada. Ele já tinha me dito que a noite seria perfeita se, depois de vencer, pudesse assistir de perto a todos os outros combates. Mas, justamente por ele ser um dos lutadores, a organização o impediu de se misturar com o público, e só lhe restou acompanhar o evento com os demais atletas, numa sala com comes e bebes. Viu o primeiro UFC de que participou da mesma forma como acompanhou todos os anteriores: pela tevê.

Borrachinha e seus técnicos voltaram para o hotel num ônibus fretado, e eu continuei trabalhando. Então, no meio de uma entrevista, vi um colega que, de longe, me fazia sinais. Com leitura labial, entendi que ele estava me passando a notícia que todo lutador do UFC sonha ouvir depois de uma luta.

Enviei um WhatsApp para Borracha, que ainda estava no ônibus. "Seu irmão ganhou o bônus", escrevi. Borracha não percebeu que eu estava afirmando, achou que eu tivesse esquecido do ponto de interrogação. "Ainda não sabemos", respondeu. "Ganhou", insisti. "O quarto bônus por melhor performance."

Ao todo, naquele sábado, Paulo Borrachinha e equipe faturaram setenta mil dólares (220 mil reais, na cotação da época). Até então, o maior prêmio que ele havia conquistado tinha sido de sete mil reais.

Uma chuva fina caía sobre Fortaleza desde o meio da noite. Borrachinha me escreveu de volta: "Vou descer do ônibus e sair correndo na chuva depois dessa".

II.

No penúltimo dia de maio, Acácio acordou por volta das nove da manhã. Enquanto a cama não chegava, o casal dormia num colchão estendido no quarto. Os pais de Jéssica, dona Nete e seu Alberto, apareceram para o café da manhã. Jéssica, líder de monitoramento em uma empresa de rastreamento de carga, foi trabalhar e Acácio, que estava de folga, continuou sua rotina de ajustes. Como não tinha nenhuma luta no futuro próximo, largou os treinos e trocou as luvas por serrotes, martelos e argamassas para tornar a casa habitável. Naquela manhã nublada em Guarulhos, ele precisava instalar a fiação elétrica. Um amigo especialista havia ligado a geladeira e tomara as providências para evitar um incêndio na cozinha.

Dona Nete, uma senhora pequena e ruiva, de olhos verdes brilhantes e luminosos, estava projetando os móveis. Gostava muito de artesanato e andava pelas ruas buscando inspiração. Visitava brechós atrás de luminárias e reaproveitava peças velhas e esquecidas da casa de amigos, transformando-as em objetos novos. Um amigo da família tinha uma marcenaria e doara sobras de madeira que Acácio serrava conforme a fantasia da sogra.

Acácio assentia em tudo. Se lhe perguntavam se algo estava bom, ele dizia que estava ótimo. Se lhe pediam para opinar sobre uma determinada cor, ele dizia que qualquer uma ficaria bem. Com seus quase dois metros de altura, contribuía mais decisivamente alcançando locais inatingíveis aos demais, para colar um papel de parede ou pregar um quadro com fotos do casal.

Quando, no começo de uma noite gelada, nos encontramos na Zona Leste de São Paulo, ele estava tenso, apoiado numa parede de vidro, os braços cruzados na frente, levemente curvado. Do lado de dentro da porta de vidro do hospital, Jéssica, de jaqueta jeans e uma saia azul-turquesa, projetava sua barriga de quase seis meses. Ela parecia aflita. Na noite anterior, me enviara uma mensagem. "Olha, amanhã é o exame", escreveu. "Tô avisando agora porque nossa semana foi intensa."

Um mês antes, na casa dela, havíamos conversado por horas sobre sua vida, as brigas na escola para defender as irmãs, os primeiros anos de caratê e lutas de MMA, seu amor por Acácio e o filho que viria. Ela me mostrou uma ultrassonografia que havia feito semanas antes, meros borrões brancos e disformes sobre um fundo negro, em meio aos quais alguém da família tinha conseguido identificar um nariz "igual ao do Acácio".

Eu me convidei para acompanhar o casal ao exame seguinte, ocasião em que eles provavelmente saberiam se o bebê estava saudável e se era menino ou menina. A questão do sexo tinha movimentado as bolsas de apostas da família. Antes de ir morar com Jéssica, Acácio vivia com uma irmã e suas quatro filhas, de modo que estava sempre cercado de mulheres. Aliás, como Jéssica, primogênita de um trio feminino – das cinco pessoas que viviam em sua casa, o único homem era o pai, ex-goleiro profissional que fez carreira em times pequenos do interior.

Na porta do hospital, mesmo sabendo que a pergunta soaria um pouco estúpida, quis saber de Acácio se ele preferia que o primeiro filho fosse um menino ou uma menina. Ele sorriu: "Todo mundo está dizendo que vai ser um menino".

"Pelo formato da barriga?"

"Pelo formato da barriga e porque todas as meninas da família não desgrudam da Jéssica", ele explicou. "E o único sobrinho que ela tem, ele agora não está mais nem aí pra ela." Se bem que desprovida de base científica, a teoria tinha lá sua graça:

como se tratava de uma grávida que atraía a atenção das mulheres da família, parecia óbvio que no interior de sua barriga só podia estar um menino.

Jéssica e dona Nete esperavam sentadas na antessala do hospital, enquanto Acácio, eu e seu Alberto, um sujeito careca e simpático, dono de uma risada escrachada como a de Jéssica, conversávamos do lado de fora sobre os últimos acontecimentos de Guarulhos, os preparativos para o nascimento do bebê e a luta do UFC no fim de semana.

"Eu odeio esperar", Acácio disse depois que o papo furado terminou. Pedi, então, que ele me falasse da gravidez, desse notícia do que tinha acontecido desde a última vez que nos vimos.

"Thomaz." Acácio despertou no meio da noite, acordando Jéssica. Ela não entendeu. "Thomaz?", perguntou. "Se for menino o nome vai ser Thomaz", disse Acácio.

Jéssica não desgostou. Passariam os próximos dias pensando em outros nomes masculinos e femininos, fazendo enquetes entre amigos e parentes. Até ali tinha sido uma gravidez sem sustos, tranquila, cheia de planos, desejos e clichês.

Certa noite, por volta das onze horas, Jéssica disse que estava com vontade de comer romã, fruta associada biblicamente às paixões e à fecundidade. Mas ela não queria uma romã qualquer, e sim uma de um pé de romã que crescia em frente a uma casa da rua. E toca Acácio escalar a árvore de romã para saciar o desejo da gestante. Em outra ocasião ela teve vontade de fast-food. "Saímos no meio da noite pra comer Mc", ele disse. "Ela deu uma mordida no sanduíche e não quis mais. Tive que comer dois."

É curioso que esses desejos de grávida sempre aconteçam no meio da noite, quando é muito mais difícil conseguir o objeto do desejo e é preciso uma dose extra de esforço para alcançá-lo. É assim nos filmes de roteiro duvidoso, nas novelas, e, pelo visto, também na vida real.

A rotina do Acácio lutador fora substituída pela do futuro pai e trabalhador comum, segurança numa empresa. A imagem que eu tinha dele ainda era a de um gigante de quase dois metros batendo e apanhando dentro de uma jaula, tirando sangue do adversário e disposto a deixar o seu no chão, alguém que se submeteria a terríveis provações só para ter mais chances de vencer. Agora, na frente do hospital, agasalhado contra o frio, agarrado a uma pasta de plástico transparente com exames e documentos da mulher grávida, rindo para disfarçar a ansiedade, ele me parecia um sujeito muito mais próximo, um amigo com quem eu poderia compartilhar confidências.

"Eu sempre tive medo de ser pai", eu disse, esperando que meu interlocutor me contasse mais sobre sua percepção da paternidade. Mas Acácio é um sujeito de poucas – não raro, pouquíssimas – palavras. Calado, ele deu corda para que eu me estendesse, explicasse mais sobre o medo de se descobrir pai, ter a vida transformada de uma hora para a outra, se encontrar inseguro e tendo que prover segurança a outro ser vivo, amadurecer, acordar para a vida e tomar decisões dramáticas, sentimentos que eu julgava afligissem a muitos homens. "Eu também fico preocupado", ele disse, "mas acho que as coisas estão melhorando. A gente tem ajuda de muita gente e vai aprendendo com o tempo."

Os lutadores de MMA encontram maneiras curiosas de superar o medo, um sentimento muito presente em sua vida se você precisa se trancar entre grades com outra pessoa disposta a te espancar até a inconsciência. Eu ainda não achei nenhum lutador que depois de alguns segundos de reflexão sincera não tivesse admitido que o medo é um sentimento constante em seu dia a dia. É por isso que eles desenvolvem estratégias para mitigá-lo.

Um dos primeiros treinos de um lutador consiste em ficar frente a frente com um colega, quando então os dois começam a trocar tapas na cara até o treinador dizer que já foi o bastante. Enquanto apanham na cara, não podem fechar os olhos.

A natureza dotou os seres humanos de um instinto que nos obriga a virar o rosto e fechar os olhos no instante em que percebemos que vamos levar um tapa ou um soco na cara. Se um lutador não consegue ver o que acontece à sua frente, ele se torna uma presa indefesa. Sem enxergar direito o oponente, um lutador semicego teria mais dificuldade para bloquear golpes e só com muita sorte lançaria os seus, transformando-se rapidamente num saco de pancadas. Não por acaso muitas lutas são abreviadas quando um supercílio é cortado, sangra ou incha demais, dificultando a visão.

Lá no octógono você apanha, é sufocado quase à exaustão, mas faça o possível para passar por isso de olhos bem abertos.

Os treinos ajudam a desenvolver resistência ao sofrimento, já que o atleta precisa se manter impávido mesmo diante da dor e da humilhação de um ou vários tapas na cara. Essa indiferença também projeta coragem e determinação, podendo minar as forças do adversário. "Você pode me bater o quanto quiser, eu vou continuar te encarando", eles parecem dizer a um oponente mais forte e agressivo.

Nem sempre funciona, claro. A paz de espírito de Acácio, sua confiança em dias melhores, a certeza de que amanhã vai ser tão ou mais tranquilo vêm do otimismo e da leveza da paternidade próxima. Na última vez que nos vimos, ele ainda elaborava duas das maiores decepções de sua vida: a da água derramada no gabarito do exame, e a do cancelamento de uma luta pela qual ansiara. "Essa foi a vez que ele ficou mais puto desde que a gente se conheceu", disse o treinador Magno, talvez quem melhor entenda Acácio no mundo.

12.

Conheci Acácio às vésperas de sua luta no Thunder Fight. Depois da vitória, Magno começou a mexer os pauzinhos para encontrar um novo desafiante. Não era fácil, visto que Acácio liderava o ranking da categoria e poucos atletas ousariam correr riscos. Depois de muitas articulações, Magno chegou a um nome, um nome forte e sonoro, escrito numa grafia aparentemente sugerida por um numerologista: Markus "Maluko" Perez.

Maluko e Acácio haviam se encontrado logo depois da luta que presenciei. Detentor do cinturão dos médios do Thunder Fight, Maluko subira ao octógono depois da vitória de Acácio carregando o objeto cobiçado, e os dois se desafiaram brevemente, um mise-en-scène que costuma agradar o público. Teoricamente, em alguma edição futura do torneio, os dois deveriam disputar esse cinturão, mas a luta nunca foi marcada.

O confronto era um dos mais aguardados entre quem acompanha as desventuras do MMA nacional longe dos holofotes do UFC. Quando os promotores chegaram a um consenso, o duelo foi agendado, mas em outro evento, o Aspera FC, um dos maiores do país.

O anúncio foi feito na internet e os fãs se eriçaram. Comecei a me programar para ir a Florianópolis cobrir a primeira luta de Acácio no ano. Avisei o diretor de cinema que produzia o filme sobre o lutador e ele também se organizou para algumas tomadas da luta, que mais tarde o ajudariam a compor o roteiro do curta-metragem. Magno Wilson telefonou a patrocinadores e conseguiu levantar cerca de 1500 reais com empresários conhecidos, que ofereceram ajuda em troca da visibilidade de suas marcas. E Acácio, sentindo que uma vitória seria um passo extraordinário em sua carreira e o deixaria mais perto do UFC, dedicou-se ao conhecido e sinistro processo que precede toda luta de MMA: a dieta.

A preparação teve início dois meses antes da luta, que já estava acertada desde dezembro. O treino pesado e a baixa ingestão de calorias o deixaram de mau humor, reação esperada nessa fase. À medida que seu corpo afinava e ele chegava mais perto dos 84,4 quilos exigidos para a categoria, sua vontade de viver diminuía. Na esteira ergométrica, ele precisava ter cuidado para não patinar na poça de suor que se formava à sua volta a cada tiro de corrida. Muitas lutas não acontecem porque os organizadores falham em conseguir o dinheiro exigido pelos atletas e suas equipes. Muitas vezes um lutador azarão só aceita enfrentar um favorito se lhe pagarem uma bolsa maior, uma verba que compense o risco do combate. A vontade de Acácio era tanta que Magno, prevendo que o adversário pudesse querer receber mais para lutar, abriu mão da bolsa de sua equipe. Tudo para manter o evento.

Mas, ainda que seu esforço fosse colossal, havia variantes que ele não podia controlar. Entre um treino e outro, quando faltavam apenas dez dias para a grande luta, depois de cinco meses sem lutar e quase dois de suor, fome e desespero, Acácio recebeu a notícia que o devastaria: o adversário teria se machucado, não haveria mais luta.

Magno tinha acertado o confronto com Lucas Lutkus, empresário com quem Markus Maluko tinha um acordo verbal de agenciamento, um rapaz que também era sócio de Marcelo Brigadeiro, o dono do Aspera FC. Eu já havia entrevistado Brigadeiro algumas vezes. Por telefone, ele sempre me pareceu um sujeito de bom trato, educado e respeitoso, mas na internet, ao falar de negócios, ele assumia outra postura. Usuário ativo do Facebook, certo dia disse que o Aspera era evento dele, e que poderia fazer o que bem entendesse: "Se eu quiser fazer lutas de MMA, muay thai, boxe, caratê, sambô, luta marajoara, boxe de anão do Zimbábue ou qualquer outra porra dentro do meu *cage* eu faço e pronto!", ele escreveu em resposta a críticas sobre a natureza de seu torneio.

Quando Magno recebeu a notícia de que Markus Maluko havia se machucado, ele procurou Lutkus, que havia prometido conseguir um substituto caso o atleta se lesionasse. Como o empresário não cumpriu a promessa, Magno foi ao Facebook cobrar satisfações da organização do evento. Apesar de a luta constar da programação oficial do Aspera, Brigadeiro se eximiu da responsabilidade. Alegou que havia de fato disponibilizado um espaço na programação, como sempre fazia a pedido de empresários amigos, mas não era o responsável por negociar o combate e não podia ser cobrado por ele.

Acácio não engoliu a explicação. Eu não estava lá, mas todos disseram que ele reagiu encolerizado; todo o sacrifício pelo qual tinha passado iria para o lixo. Ele escreveu um texto indignado, que Magno o proibiu de publicar. Maluko alegou ter machucado, durante um combate, a escápula e a canela, e por isso não poderia lutar com um "cara duro" como Acácio. "Não tem por que aceitar uma luta sem poder chutar", ele se justificou no Facebook. "A não ser que o Acácio queira lutar comigo nessas condições." Acácio não respondeu.

Existe outra versão para a desistência de Maluko. Lutkus conta que foi surpreendido com a notícia de que o lutador tinha acertado com outro empresário e que esse agente havia conseguido para ele um contrato com o LFA, um importante torneio americano. "Como ele estava com o contrato em mãos, achou melhor não se arriscar com o Acácio", disse Lutkus, que logo depois deixou de agenciar Maluko – Maluko nega essa versão e afirma que o contrato com o LFA só seria assinado meses depois. Com a desistência em cima da hora de seu lutador, Lutkus não conseguiu cumprir a promessa de arranjar um substituto, amargou prejuízo financeiro (uma vez que já havia mandado confeccionar o cinturão em disputa) e moral. "O Acácio foi quem mais sofreu com essa situação", disse o empresário. "Eu gosto dele, da Jéssica, do Magno, e depois dessa bagunça recebi mensagens do Acácio me xingando, mas eu entendo."

Era uma situação comum entre lutadores que alcançam o nível de Acácio: a falta de adversários dispostos a lutar. Como ninguém tem muito dinheiro no MMA, as viagens são proibitivas e é preciso encontrar adversários em cidades próximas. Entre os lutadores paulistas de bom cartel, ninguém queria enfrentar Acácio. Os que talvez estivessem dispostos só encarariam o desafio se o evento pagasse uma boa bolsa, o que é raríssimo no meio.

A única saída era ser contratado por um torneio maior, como o UFC. Mas para tanto ele precisava lutar, vencer e melhorar o cartel. Depois de mais uma frustração, afundado em impotência e raiva, ele resolveu tocar a vida, seguir a rotina e esperar que alguma coisa caísse do céu.

13.

Ainda bem que havia Jéssica.

Mesmo sem rival à vista, Acácio continuou treinando para ajudar os companheiros de equipe. Sempre que sua escala de trabalho permitia, ele comparecia ao *corner* dos mais novos para orientá-los sobre como proceder em determinado combate. Ou para consolá-los em caso de derrota.

Foi assim, há alguns anos, consolando Jéssica depois de uma derrota, que ele despertou a atenção da moça. No hospital, ele agora observa a mulher segurando a barriga. Ela continua com a mesma aparência jovial, o mesmo jeito de adolescente risonha pronta para fazer uma piada para aliviar a tensão da espera. O cabelo negro preso atrás da cabeça deixa escapar uma pequena meia-lua de fios lisos por baixo de cada orelha.

Jéssica, que abandonou a faculdade de enfermagem para se dedicar ao tatame, está habituada à assepsia dos hospitais – brancura uniforme, conversas sussurradas, televisão ligada no vazio. Mas esse ambiente não parece pertencer a um hospital comum: famílias inteiras vão e vêm desfilando sorrisos e compartilhando notícias sobre bebês. Estamos num hospital, mas não há nenhum doente à vista: no setor de grávidas, todos celebram a vida.

O nome de Jéssica é chamado. Acompanhada da mãe e de Acácio, ela se aproxima da porta que a levará à sala do exame. Lá dentro, uma enfermeira avisa que só se permitem dois acompanhantes. Seu Alberto e eu ficamos do lado de fora.

Mas então, de repente, dona Nete deu meia-volta, seus olhos verdes cintilando, e fez um sinal em nossa direção. Achei que ela estivesse apontando o marido, mas ela dizia algo como "entra você", repetindo um desejo de Jéssica, um desejo de grávida que a gente não pode contrariar sob o risco de conjurar graves consequências. Foi assim que, meio sem jeito, presenciei essa ocasião tão íntima na vida de um casal, quando teriam notícias sobre a saúde e o estado físico do bebê, poderiam vislumbrar sua silhueta, o formato do nariz, dos pés e das mãos, e saber, afinal, se era menino ou menina.

Acácio ficou o tempo todo ao lado da mulher, assim como esteve no momento mais duro da carreira dela como lutadora de MMA, quando sofreu uma derrota para uma atleta mais jovem, logo em sua primeira luta.

Naquela época Jéssica namorava um sujeito que não teve a consideração de aparecer no dia da luta para apoiá-la. Acácio estava lá e se aproximou da derrotada, cheia de dúvidas sobre seu futuro. Ele a consolou, disse que ela venceria na próxima. Jéssica achou o rapaz muito fofo.

Primogênita de uma família de classe média de Guarulhos, ela se acostumou a resolver no braço os problemas das irmãs na escola. Um dia, para defender uma que estava sendo ameaçada por outras garotas, ela se envolveu numa pancadaria e foi ameaçada de expulsão. Ao praticar caratê, canalizou a agressividade para o esporte. A garota violenta se tornou uma atleta, ávida por medalhas, troféus e realização pessoal.

Muita gente sustenta que as artes marciais, sobretudo em sua forma mais chocante e sangrenta, transmitida pela tevê e ao alcance de qualquer um, estariam alimentando nossa ancestral atração por violência. Mas inúmeras histórias de atletas pacíficos, antes meninos e meninas brigões, parecem narrar um enredo diferente: em vez de potencializar o desejo por sangue, as artes marciais transformam potenciais infratores em atores que, num espaço controlado, reencenam uma guerra, uma guerra sem vencedores ou perdedores reais, mas alegóricos; não a carnificina de uma briga de verdade, mas a representação de um confronto com regras, delimitado pelo senso de civilidade dos atletas, considerados antes de tudo "artistas marciais".

A luta também livrou Jéssica da violência misógina à qual as mulheres são mais vulneráveis. "Ele só não me bateu porque sabia que eu lutava e que ele não teria chance", ela me disse quando conversamos sobre um antigo namorado. Mas mesmo sendo uma das veteranas da academia de Guarulhos, mesmo se dedicando intensamente ao sucesso da equipe, ajudando os demais em seus treinos, na reidratação e realimentação pós-pesagem, mesmo contribuindo pessoalmente com a organização dos eventos promovidos pela academia, Jéssica precisou vencer a desconfiança ao decidir praticar um esporte predominantemente masculino.

Quando descobriu a gravidez, ela lembra ter entrado em choque e a primeira coisa que pensou foi: "Vou ficar nove meses sem lutar". O segundo pensamento foi mais dramático. Como sempre tinha tido dificuldade para ganhar massa muscular, ela havia resolvido fazer o que em seu universo se conhece como "ciclar". Ou seja: usar esteroides.

"Pensei no remédio que estava tomando e falei: 'Matei meu filho'", ela me contou no sofá de sua casa, mostrando um frasco com a imagem de um cavalo no rótulo. Do ponto de vista estritamente ético, usar esteroides em competições parece uma deslealdade ao oponente "limpo". Conversei com alguns lutadores de MMA que disseram, reservadamente, em algum momento já terem se servido do artifício. Como todos se dopam, argumentaram, se você não usar, fica em desvantagem.

No UFC e em torneios mais bem regulamentados, exames antidoping inibem o uso de substâncias proibidas no esporte, mas mesmo assim não são poucos os atletas que falham no teste e são pegos em flagrante. Em torneios menores, tais exames, de custo alto, são inexistentes.

Grávida, Jéssica não só parou de "ciclar" como abandonou os treinos, mas não deixou de viver o dia a dia da academia. Quando Magno precisava que Acácio cedesse em algum ponto, ele costumava apelar a Jéssica, que acabou se sentindo uma ponte entre o treinador e o marido. Esse papel a incomodou. "Eu não sou mulher de lutador", ela repetia para si. "Eu sou lutadora!"

14.

Dois meses antes, em março, eu tinha conhecido uma lutadora brasileira com trajetória semelhante. Kinberly Novaes havia subido no octógono para uma disputa de cinturão em Joinville, Santa Catarina, sua cidade natal, e lutara durante três rounds de cinco minutos. Não houve nocaute nem finalização, ela venceu por pontos. Ganhou o cinturão e foi carregada nos ombros pelo marido. Um fotógrafo se aproximou e fez o registro de um momento que mais tarde ficaria na história da família: Kinberly envolta no cinturão dourado, o punho direito ainda enluvado voltado ao teto do ginásio, no gesto clássico de vitória. Ela está sorrindo, seus pequenos olhos orientais mais fechados do que nunca; o marido, Jacson Carvalho, que também é lutador, dá um soco no ar, celebrando o sucesso da mulher.

Meses depois, ao se preparar para outra luta, Kinberly estava com dificuldade para perder peso e começou a sentir câimbras. Ao procurar um médico, descobriu que estava grávida. Quando fez as contas, soube que naquela luta do cinturão – aquela na qual tinha trocado chutes e socos durante quinze longos minutos – já estava grávida de três meses. "Um choque", ela disse. "Corremos um risco grande, mas graças a Deus não aconteceu nada e Breno nasceu saudável e de parto normal", ela me contou por telefone.

O promotor do torneio se desculpou publicamente por não ter exigido exames de gravidez. A identificação da gravidez em atletas de alto rendimento é mais difícil porque muitas delas não menstruam. O baixo percentual de gordura em seus corpos altera a produção hormonal e muda o ciclo menstrual. Kinberly já estava havia oito meses sem menstruar, e já tinha passado por períodos até mais extensos sem fluxo. Desde que seu caso veio à tona, outros promotores incluíram o teste de gravidez entre os exames obrigatórios de seus torneios. No começo de 2017, a lutadora Taila Santos descobriu na véspera de uma luta que estava grávida e desistiu do combate. Ela voltou a treinar logo depois da gravidez, e quando sua filhinha Glória completou três meses, Taila me mandou uma mensagem de áudio dizendo que estava pronta para retomar a carreira.

Kinberly viveu dilema parecido com o de Jéssica. Estava no auge da carreira, precisava voltar rápido aos treinos. Como havia treinado e lutado grávida, seu corpo logo se readaptou à rotina intensa dos treinos. Um mês depois do parto, ela estava de volta ao tatame. Ter um marido companheiro foi fundamental para sua ascensão no esporte: como Jacson era mais novo e ainda estava começando, ele se ofereceu para interromper a carreira temporariamente e ficar em casa cuidando do bebê, enquanto a mulher se dedicava aos treinos e às lutas.

"Ele deixou claro que fazer isso o deixaria muito feliz porque naquele momento, entre a minha carreira e a dele, a minha era prioridade." No fim de maio, quando Jéssica estava na expectativa de ter mais informações sobre seu bebê, do outro lado do mundo Kinberly buscava mais uma vitória num torneio no Japão. Infelizmente saiu do octógono derrotada.

Jéssica teve oportunidade de dar um salto na carreira quando começava a se destacar no MMA paulistano. Um amigo do pai dela tinha conexões com o treinador de uma equipe do Paraná, que àquela altura estava começando a formar um dos maiores times femininos do país. Esse amigo chegou a fazer uma proposta: bancaria hospedagem e alimentação se Jéssica fosse treinar em Curitiba. Mas seria preciso largar os estudos em São Paulo e ficar longe da família. Em uma equipe maior, especializada em MMA feminino, com outras atletas com quem pudesse treinar e evoluir, talvez o caminho rumo ao UFC pudesse ser encurtado. Jéssica balançou, quis ir, mas no final decidiu ficar. Conheceu Acácio, engravidou e viu a vida tomar outro rumo.

Um dia antes de encontrá-la no hospital, calhou de eu entrevistar outra lutadora, uma garota do interior do Paraná que também se viu diante do mesmo dilema: sair ou não de casa para ter uma chance. Essa garota, também de nome Jéssica, resolveu arriscar. Quando o UFC criou categorias femininas, ela se tornou a primeira brasileira a lutar no maior torneio de MMA do mundo.

Em uma manhã de maio, a lutadora do UFC Jéssica Andrade, conhecida como "Bate-Estaca", acordou cedo e se dirigiu a um estúdio de tevê. Lá, com óculos futuristas e uma roupa cheia de sensores, envergando uma espada invisível, tentou matar robôs gigantes num jogo de realidade virtual. Depois correu sobre uma esteira ergométrica com velocidade equivalente à de um carro em segunda marcha enquanto uma máscara media os gases de sua respiração. Finalmente escalou uma parede e distribuiu golpes em bonecos espalhados por um octógono cenográfico.

Os estranhos exercícios faziam parte da gravação do último episódio de um programa que o canal Combate, em parceria com a produtora brasileira Mixer, exibiria sobre a ciência por trás de um lutador. Os dados recolhidos seriam analisados por softwares e cientistas que tentariam elucidar a questão: como é o corpo de um atleta de elite do MMA?

A paranaense da pequena Umuarama ganhou seu apelido graças a um golpe que aplicou em uma de suas primeiras lutas. Para terminar o combate, mas sem ainda conhecer as regras, ela agarrou a adversária, virou-a de ponta-cabeça e empurrou sua cabeça com força contra o chão, como que fincando uma viga de ferro no solo. Conhecido como bate-estaca, o golpe, considerado perigoso, é proibido em muitas competições. A audácia da novata chamou a atenção de outros lutadores, que logo começaram a identificá-la pelo golpe. No começo ela odiava o apelido – que, como sempre acontece nessas situações, pegou.

No intervalo entre uma gravação e outra, além de pacientemente demonstrar (num boneco) como se aplicava um bate-estaca, Jéssica falou sobre um fantasma do passado que tinha voltado a sua lembrança recentemente: o bullying. Homossexual, baixinha e criada na zona rural, ela era perseguida pelos colegas de escola, que viam em seu jeito caipira e "masculino" uma forma de diminuí-la.

"Nunca tive muitos amigos, o pessoal nunca me convidava para as coisas", ela disse, serena. "Entre meus melhores amigos, um também era do sítio e o outro era aquele que todo mundo considerava 'o feio'. A gente ganhava muito apelido, as pessoas não gostam de quem é diferente."

Eu tinha tocado no assunto não por acaso. Uma lutadora norte-americana recentemente havia comparado a peso pena Cristiane "Cyborg" Justino, uma das grandes parceiras de luta de Jéssica, a um personagem de um filme de terror.

Cyborg, dona de carreira expressiva no MMA feminino, tinha ido visitar crianças em tratamento contra o câncer e publicou fotos do encontro na internet. Angela Magaña, uma lutadora que não vencia um confronto havia quase seis anos e vivia a provocar as outras atletas, republicou a imagem da brasileira ao lado da máscara de Jigsaw, o serial killer da franquia blockbuster *Jogos mortais*. A comicidade estaria na suposta semelhança entre Jigsaw e Cyborg.

"Fiquei muito triste quando vi aquilo", disse Jéssica. "A Cris sempre sofreu com essas piadas. Mulher que luta tem que ouvir um monte de coisa, que é sapatão, que é macho, que devia voltar para cuidar da casa. Já chegou a hora de perceberem que não tem nenhuma graça esse bullying."

Circulando pelo set de gravação, Kyra Gracie, a primeira mulher do clã mais famoso das artes marciais a se tornar faixa preta e lutadora profissional, se preparava para apresentar o programa. Segundo ela, Cyborg sempre teve o talento subestimado por não cumprir certos padrões esperados de mulheres. "Ela é a maior de todas, mas nunca recebeu a atenção que merecia", disse Kyra – aposentada do tatame, a ex-lutadora comenta lutas e apresenta programas de MMA. "Eu vim de uma família machista, sei como é difícil prosperar nesse meio."

Cyborg sempre ouviu insinuações a respeito de doping – foi suspensa por um ano por uso confesso de anabolizante em 2012. Mesmo considerada a maior lutadora de MMA de todos os tempos, a curitibana já engoliu muita coisa desagradável sobre seu porte físico, mesmo no UFC. Um dia, um comediante e um comentarista de lutas conversavam com Dana White, o presidente do UFC, quando um deles disse que Cyborg poderia perder peso mais facilmente se "cortasse o pênis fora". White sorriu. "Quando gente importante no meio fala esse tipo de coisa, acaba incentivando outros a fazer o mesmo", disse Cyborg em nota oficial, anunciando que tomaria as medidas cabíveis.

Mas qual o limite do aceitável num esporte em que a provocação entre lutadores é incentivada como forma de atrair a atenção do público? "Magaña passou dos limites", disse Jéssica Bate-Estaca, que destacou a agravante de ela ter feito piada com uma foto de Cyborg ao lado de crianças doentes. "Ela não pode brincar com coisas sérias assim."

Depois da repercussão negativa, Magaña disse que não sabia que Cyborg estava com pacientes de câncer, e que lutadores têm que se acostumar a esse tipo de provocação. Mas mesmo assim Jéssica resolveu vingar a honra da amiga do jeito que os lutadores de MMA gostam de fazer: na mão, dentro do octógono.

"É muito fácil ela provocar alguém que não é da categoria dela", disse Jéssica ao se voluntariar para bater em Magaña. Cyborg luta na categoria até 66 quilos; Magaña e Jéssica, até 52 quilos. Não seria uma luta esportivamente importante, já que a americana não está entre as melhores atletas da categoria, mas Jéssica gostaria de enfrentá-la para lhe "ensinar uma lição". Dois meses depois, em uma entrevista no Rio de Janeiro, Jéssica voltaria a desafiar Magaña publicamente, enfatizando que gostaria de vingar a honra da amiga ofendida. Mas 2017 terminaria sem qualquer sinal de que o UFC cederia aos pedidos da brasileira.

Depois de uma rápida passagem por São Paulo para gravar o programa *Laboratório da Luta*, Cyborg e Jéssica, que jantaram juntas e conversaram sobre o bullying, acabaram voltando para suas respectivas casas. Cyborg, para a Califórnia, onde treina e dá aulas de MMA. Jéssica para o Rio, onde descansaria e se prepararia para o próximo desafio.

Após perder sua luta anterior, ela tinha tomado coragem para pedir em casamento a namorada, Fernanda, durante uma entrevista ainda no octógono. Na plateia, Fernanda fez um coração com as mãos e disse sim.

No hospital, Acácio acompanha Jéssica à cama do consultório, onde nos espera um médico jovem, que veste jeans e tênis por baixo do jaleco. "Tudo bem, querida?", ele pergunta. "Pode se acomodar." E, dirigindo-se a mim e a Acácio, diz: "Podem ver tudo, mas não filmar. Depois, se quiserem, podem tirar uma foto".

Coraçõezinhos cor-de-rosa flutuam no papel de parede enquanto manchas acinzentadas pintam a tela preta do monitor. Tento decifrar a expressão de Acácio, mas ela não diz muita coisa. Ele mira fixamente à frente como alguém que se depara com um texto escrito em idioma extraterrestre. Enquanto move o aparelho de ultrassom pela barriga de Jéssica, o médico nomeia as partes do corpo do bebê, que apenas ele consegue enxergar. "Fêmur... crânio... clavícula." Tento entender Acácio, Acácio tenta entender o filho, e Jéssica, que não está enxergando nada do que acontece na tela, tenta ficar confortável.

O médico segue com o exame, sem alterar o timbre da voz ou a serenidade do olhar. Essa indiferença me parece uma boa notícia. Se algo estivesse fora do normal, ele aparentaria estar mais preocupado, certo? Então, com o mesmo tom de voz impassível, ele pergunta: "Vocês já sabem o sexo?". Acácio e eu balançamos a cabeça. Jéssica verbaliza: "Não".

"Foi difícil discernir, mas é um menino." Jéssica fecha os olhos e aperta as mãos no rosto. "Eu sabia." Acácio abre um sorrisão, os olhos marejados. Ele não diz nada. "Olha aqui o pipi", diz o médico, apontando uma manchinha acinzentada na tela.

Tudo está normal, ele diz, mas ele ainda não conseguiu medir o coração. O bebê está numa posição que dificulta a visão. "Querida, vai dar uma volta, andar, comer alguma coisa e depois volte aqui. Vamos ver se ele muda de posição."

Saímos do consultório. Acácio põe a mão no ombro de Jéssica e cochicha algo. Lá fora, é ela quem dá a notícia aos pais: "É menino. Eu sabia!". Seu Alberto nos convida para ir a um boteco na esquina, onde Jéssica pede um x-burger e um suco. Enquanto come, ela espalha a novidade aos amigos e à família. Quando Magno Wilson fica sabendo, ele já expõe seu plano para a vida de Thomaz. Faixa preta de jiu-jítsu, ele é chamado por seus alunos de "sensei", uma palavra que significa "aquele que nasceu antes", ou "professor", e é usada para designar os lutadores mais experientes das artes marciais japonesas. "Meu futuro atleta do peso médio", ele escreve a Jéssica. "Dos dois aos seis anos, judô, dos seis aos doze, caratê, dos doze aos dezesseis, jiu-jítsu e depois MMA com o tio sensei."

Jéssica aprova. Quando sua mãe declama o nome da criança, Thomaz Negrão dos Santos, ela gosta da sonoridade: "Imagina esse nome anunciado no UFC!".

Acácio parece o único contrariado. Perguntei o que ele faria se Thomaz virasse lutador. "Não faria nada", ele respondeu. "Mas se depender de mim ele vai fazer qualquer coisa na vida, menos lutar."

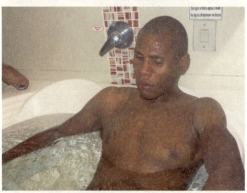

Durante a preparação para a luta, Acácio passa por uma via--crúcis: acompanhado pelo técnico Magno Wilson, fica à beira do desmaio numa banheira com água pelando e em seguida num carro fechado, com o ar quente ligado na máxima potência.

Ainda sob os efeitos da preparação extenuante, Acácio comemora a obtenção do peso exigido por sua categoria.

[na página anterior e acima] Acácio em ação contra
Quemuel Ottoni: vencer a luta era uma etapa obrigatória,
mas não suficiente, para chegar ao UFC.

Jéssica tenta vencer a guarda de sua oponente em luta em Petrópolis-RJ.

Borrachinha, uma das promessas brasileiras no UFC.

Troféus na sala da casa de Acácio.

Acácio, Jéssica e o pequeno Thomaz.

A turma da academia: Márcio Telles, Magno Wilson, Mohamed e Acácio.

15.

Às vezes Jéssica acha que não conhece direito o homem que será o pai de seu filho. Ela me disse isso enquanto dirigia rumo a Santa Isabel, município vizinho a Guarulhos, escondido às margens da via Dutra. Um dos lutadores da equipe participaria do torneio Batalha MMA, e Jéssica tinha decidido ir. Era a primeira vez que ela assistiria a uma luta desde que se descobrira grávida.

"Ele é muito tímido, até comigo", ela disse, relatando o esforço que fazia para Acácio se abrir mais, acusar seus sentimentos, vontades, falar do passado. Lá fora soprava um vento gelado que balançava a vegetação rasteira e bem-cuidada das margens da rodovia. São Paulo tinha registrado a madrugada mais fria do ano.

Na noite anterior, Jéssica e Acácio tinham me convidado para o chá de casa nova. Resfriado, esperando a chegada dos colegas de academia, Acácio então me disse com um sorriso gigante que estava muito ansioso para o nascimento do bebê. Esperei que falasse mais, mas dele só obtive um silêncio reticente.

Ele não queria assistir ao torneio em Santa Isabel. Tinha trabalhado por meses na reforma da casa e preferia passar o fim de semana deitado. Acabou convencido pela mulher e por seu treinador, que destacaram a importância de mostrar a cara no circuito de lutas. "Quem não aparece nunca é lembrado", repetia Jéssica em tom professoral. Acácio estava sem lutar desde setembro, junho já tinha batido à porta, e nada de encontrar um adversário. Magno havia articulado uma estratégia e tentava convencer Acácio a segui-la. A principal luta da noite seria entre dois pesos médios, categoria de Acácio, dois lutadores duros que tinham potencial para enfrentá-lo.

O plano do treinador era o seguinte: finda a luta, no momento em que o vencedor envergasse o cinturão, Acácio subiria no octógono e o desafiaria para um duelo pelo título. É um procedimento frequente no meio, e se o desafiado aceita a bravata, as chances de sair uma luta se tornam reais. O público, seduzido pelo confronto, pressiona os promotores de eventos da região, que cedo ou tarde entram em contato para agendar uma luta. O vídeo do desafio circula pela internet e integra o material promocional do confronto.

Acácio relutava. Alguns minutos a seu lado são o bastante para perceber que ele dificilmente faria um desafio desse naipe. Ao longo do tempo que passamos juntos, não me lembro de uma única vez que sua voz tivesse soado sequer ligeiramente beligerante.

Enquanto Jéssica dirigia o Celta do casal, Acácio, logo à frente, pilotava o volante do carro de Marcio "The Big" Telles, o meio-pesado da equipe, que estava sem habilitação. Lutador experiente do time, Telles mostrava-se sempre disposto a fazer tudo o que pudesse para ajudar os mais jovens. Naquela noite, seria o guardião e protetor de Cleberson, um rapaz esguio, recém-saído da adolescência, que havia ficado órfão de equipe depois que seu treinador foi morar na praia. Adotado pela Guarulhos Fight Team, ele se preparava para a luta sob os auspícios de Telles.

"O sensei não vai buscar ninguém em outras equipes", me disse Jéssica. "Mas quem o procura é recebido de portas abertas."

Com o cabelo negro colado ao crânio, cavanhaque abaixo dos lábios finos, de compleição física franzina e uma barriga saliente, receptivo a uma boa conversa, Magno Wilson poderia ser tomado por um corretor de seguros que nos finais de semana gosta de oferecer um churrasco aos amigos. Mas o nariz fraturado denuncia seu passado. E a memória enciclopédica que lhe permite recitar o nome de cada atleta, do mais obscuro ao mais conhecido, e lembrar seu peso, seu cartel, os pontos fortes e fracos, denuncia seu presente.

Naquela noite fria ele atuaria como o chefe da equipe de arbitragem do Batalha. Em algumas lutas, como na mais importante do evento, ele seria o árbitro central, o sujeito que fica dentro do octógono e é responsável pelo contato direto e pela segurança dos atletas. Mas ele também atuaria ao redor das grades, dando a cada lutador notas que mais tarde poderiam definir o vencedor de cada confronto.

Dediquei parte da noite a observar seus gestos. Num intervalo de poucos minutos, ele fez o sinal da cruz três vezes, uma delas com a tampa da caneta que usou para anotar a pontuação de dois atletas. Antes de entrar no octógono para a luta principal – o duelo entre os pesos médios Robson Negão e Thiago Pará –, ele reuniu seus companheiros, deu a última instrução e disse: "Rezem por mim".

Ele precisava mesmo. Robson Negão não era um lutador qualquer, não para o líder da Guarulhos Fight Team. Os dois tinham uma história. "A mágoa que eu senti nunca vai me abandonar", Magno me disse quando conversamos sobre seu antigo aluno, ainda dentro do ginásio. "Vai ficar para sempre comigo."

Mais do que vitórias, cinturões, dinheiro ou o golpe perfeito, o mundo das artes marciais gira em torno de um imperativo moral sem o qual os fundamentos desse universo desmoronariam: a lealdade. Você pode privar um lutador do contato com os filhos, pode submetê-lo à inanição, à desidratação, a dores insuportáveis, mas nunca – jamais, em hipótese alguma – traia sua confiança.

Uma academia de artes marciais não é aquilo que se vê quando se olha para ela: um espaço fechado, não raro mal iluminado e úmido, entupido de máquinas assemelhadas a instrumentos de tortura. Uma academia de artes marciais é onde os atletas convivem com a família – não a família de sangue dos almoços de domingo, que em geral não entende as opções de vida deles, mas a família que eles escolheram para si, que com eles compartilha valores e anseios, que não vai medir esforços para que cada membro alcance seus objetivos.

Entre os anos 1970 e 1980, o jiu-jítsu brasileiro era uma febre entre a juventude urbana carioca, e os lutadores defendiam a bandeira das respectivas academias. Foi então que começou a circular um termo curioso para designar os pusilânimes que cometiam o pecado de mudar de academia: "creonte". Creonte, no jiu-jítsu, era o lutador traidor, desleal e ingrato, que trocava seu mestre por outro, fosse para poder lutar mais, fosse por facilidades financeiras ou por discordar do método do guia. Qualquer que fosse o motivo alegado, uma vez creonte, sempre creonte.

Na época, cada academia tinha técnicas, filosofias e uma variedade de golpes particulares, e dizia-se que o traidor levaria esses segredos para a academia rival a fim de ajudar os atletas "inimigos" a vencer seus antigos companheiros.

Embora Creonte seja o nome de um personagem de *Antígona*, de Sófocles, o termo usado nas artes marciais não foi cunhado diretamente da tragédia grega. Veio de uma novela da Globo que foi ao ar entre 1987 e 1988, *Mandala*, até hoje lembrada pelo romance que Vera Fischer e Felipe Camargo viveram na tela e fora dela. Na trama (uma adaptação livre de *Édipo Rei*, também de Sófocles), Creonte, que foi interpretado por Marcos Palmeira na primeira fase e, na segunda, por Gracindo Jr., é um sujeito oportunista e desleal. Teria sido esse personagem a fonte de inspiração de Carlson Gracie para adotar o vocábulo.

Com a modernização e profissionalização do jiu-jítsu, a perseguição a traidores perdeu um pouco do sentido original e passou a ser aceitável que um lutador mudasse de academia em busca de uma oportunidade de carreira melhor. O mundo moderno já não admitia algumas fantasias românticas. Mesmo assim, permanece intacto o senso de família e lealdade que permeia o dia a dia de uma academia ou de uma equipe de artes marciais.

Um dia, um garoto de dezesseis anos, conhecido de Magno, bateu à porta da academia. Contou que, como seu pai não pagava pensão, sua mãe tinha decidido entregá-lo aos cuidados paternos. O treinador conhecia o pai do garoto e o tinha em péssima conta, um beberrão irresponsável. Conversou com Djavan, o dono da academia, e conseguiu uma bolsa integral para o menino, que começou a treinar. Quando me envolvi no dia a dia da academia, o garoto estava fazendo suas primeiras lutas amadoras. Sabendo que o adolescente vinha de uma família disfuncional, Magno assumiu o papel que cabia aos pais: cobrava rendimento escolar, oferecia comida, levava-o a festas, promovia encontros com seus amigos para que ele pudesse ter uma vida normal de adolescente. "Encontramos uma foto dele no Facebook fumando um charuto", contou Magno, indignado. O garoto acabou levando uma bronca inesquecível e foi excluído de um dos torneios de que participaria.

Magno não é exatamente um filantropo, porém. Ex-campeão de jiu-jítsu, resolveu criar uma equipe de MMA para representar Guarulhos e porque precisava trabalhar. Aos 38 anos, mantém um time de profissionais, dos quais cobra uma taxa de 30% da premiação que ganham por luta. De outros atletas amadores e daqueles que praticam o esporte por motivos variados (estética, saúde etc), costuma receber uma mensalidade. O que ele está gerindo é um negócio, afinal de contas. Mas a academia, assim como a igreja, se tornou o ponto de encontro de jovens sem perspectivas que se veem perdidos naquele bairro de classe média baixa de Guarulhos.

Quando Robson Negão apareceu lá, em 2009, ele pesava 130 quilos e tinha acabado de sair da cadeia, onde havia puxado seis anos. Em uma comunidade que costuma ter ojeriza a ex-presidiário, ninguém se mostrava disposto a confiar nele. Magno o apresentou ao mundo do MMA. Como Robson não tinha dinheiro para cumprir a rotina de treinos, dietas e desidratação, a equipe se desdobrou para ajudá-lo – o treinador achava que ele tinha um potencial enorme. Alto, forte e dono de uma resistência invejável, Robson tinha tudo o que se poderia esperar de um lutador. O tempo que havia passado na cadeia o dotara de uma couraça blindada à maior parte dos golpes que outro homem, ou a vida, poderiam lhe aplicar.

Juntos, os dois começaram a treinar, e a vencer. Foram quase três anos de evolução conjunta. Venceram tanto que Robson chegou ao ponto mais alto da carreira. No final de 2012, aos 28 anos, ele foi selecionado para participar da segunda edição de *The Ultimate Fighter Brasil*, um reality show da Globo que dava chance a atletas do país de serem contratados pelo UFC. Magno escreveu o texto que Robson diria na hora de se apresentar às câmeras. O treinador sabia que, como se tratava de um produto de entretenimento, era preciso investir na história do personagem, mais até do que em suas aptidões técnicas. Robson então enfatizou seu passado de ex-presidiário e disse que encontrara na luta uma forma de superação. "Fiquei seis anos preso, saí de lá sendo discriminado", disse ele no TUF de 2013. "Pra sociedade, muita gente quando sai vai continuar fazendo as coisas erradas, e não é assim."

Mas quando o programa foi gravado, num ginásio de São Paulo, quem o acompanhava não era Magno. Insatisfeito com o treinamento na academia, Robson havia decidido trocar de equipe. Quem estava na arquibancada, orientando-o, era Edy Dias, um professor de Guarulhos que viria a ser seu mentor. Eles se conheciam desde que o lutador era adolescente, e havia sido na academia de um irmão de Edy que Robson dera seus passos iniciais no caratê. Em sua primeira luta no programa, Robson sofreu golpes ilegais que passaram despercebidos, foi completamente dominado por seu adversário e acabou desclassificado.

Criado numa favela, morando numa casa "que nem de alvenaria era", o pequeno Robson se envolvia em brigas e entrou no caratê para ver se parava de apanhar dos outros meninos na escola e na rua. Magro e esguio, um chute potente nas pernas, ele logo começou a se destacar na modalidade, a ponto de uma federação paulista tê-lo considerado o melhor do estado em sua categoria. Aos dezessete anos, foi convidado a representar o Brasil em um torneio na Suécia. Mas como o time brasileiro não tinha verba suficiente, cada atleta foi responsável por arcar com os custos da viagem e Robson não conseguiu patrocínio. A vida na periferia de Guarulhos logo o chamou para o outro lado. Por influência de "amizades erradas", começou a praticar pequenos crimes e depois assaltos a caminhões de carga. Não demorou para cair. Um mês depois de completar dezoito anos foi para a cadeia, acusado de roubo à mão armada, posse ilegal de arma e resistência à prisão.

O treinador perdeu o contato com o rapaz. Quando saiu da prisão, seis anos e oito meses depois, Robson parecia outra pessoa. "Quem salvou o Robson foi o Davi", conta Edy. Um pouco antes de ser liberado, Robson descobriu que uma moça que ele tinha conhecido em uma das saídas de indulto havia ficado grávida. A expectativa de ser pai o ajudou a não cair na tentação de voltar ao mundo do crime. Ele tatuou o nome do filho no peito esquerdo e quando apareceu pela primeira vez na tevê usou uma camiseta que estampava uma estrela de Davi. "O filho segurou a barra dele."

Ele precisava se sustentar e peregrinou a via-crúcis de um ex-detento no mercado de trabalho. Quando achou que ninguém lhe daria emprego, o chefe de uma transportadora lhe ofereceu uma posição na empresa, mesmo sabendo que Robson já havia se envolvido em roubo de cargas. O trabalho lhe deu a estabilidade de que ele precisava para voltar aos treinos e ele logo foi à academia de Magno para tentar ser um lutador novamente.

"Eu não procurei o Robson, mas ele veio até mim buscando um treinamento que não tinha com o Magno", disse Edy Dias. "Eu e o Magno tivemos um problema na época por causa disso, mas hoje somos amigos e superamos. Outros atletas meus já foram para lá, e alguns vieram de lá para cá. Isso é normal."

Na Extreme Team, a equipe de Edy Dias, Robson aprendeu uma profissão e conheceu sua nova família. Virou instrutor de muay thai e começou a encher sua agenda de aulas. Quando nos conhecemos, sua renda mensal girava em torno dos quatro mil reais, o suficiente para levar uma vida sem muito aperto na periferia de São Paulo. "O Robson não tem nada a ver com esse termo creonte", disse Edy Dias quando perguntei sobre a mudança de equipe e o estigma que pairava sobre os lutadores nos anos 1980. "Ele fez uma opção pela carreira, uma escolha profissional. Ele sempre quis viver da luta, e aqui com a gente conseguiu isso."

16.

Agora, passados cinco anos desde que treinam juntos, Edy e Robson se aquecem sob as arquibancadas do ginásio municipal de Santa Isabel. Uma placa de borracha foi instalada no piso para amenizar as quedas. Enquanto eles treinam técnicas de agarre e queda, um grupo de lutadores, amigos, parentes e fãs se reúne em volta para assistir, lotando a sala pintada de amarelo. Um sentimento de família, de pertencimento, está no ar. Quando um está doente, machucado ou triste, o outro sempre estará a seu lado para ajudar, aconselhar, acolher. Davi, agora com oito anos, brinca no tatame enquanto Edy Dias prepara cuidadosamente a bandagem nas mãos de Robson.

"Na presença ou na ausência de coragem", Edy dirá à equipe momentos antes de Robson subir no octógono, "nossa única opção é ser forte."

Magno Wilson se aproxima com um papel na mão, a lista de todos os participantes da noite. Ele já visitou individualmente cada lutador, a cada um informou as regras da luta, em detalhes. Como juiz, é seu papel garantir que os duelos ocorram com lisura. Ele cumprimenta o antigo aluno e seu atual treinador, que também se refere a ele como sensei.

Para ilustrar uma determinada regra – segundo a qual joelhadas na cabeça são proibidas se o alvo estiver com ao menos um joelho no chão –, Magno se apoia ele mesmo no piso do tatame e simula o posicionamento. "Cotovelada pode?", pergunta Robson Negão, o semblante sério, compenetrado, o olhar de quem engendra a melhor estratégia para machucar o rival. "Pode", responde Magno.

"Tenta acabar logo lá em cima", recomenda o sensei, repetindo o que ele vem dizendo a todos os lutadores, no mesmo tom, quase de súplica, mas também de incentivo, de encorajamento. "Acaba logo, para não deixar a decisão com os árbitros laterais e não ter problema depois."

De maneira geral, uma luta de MMA pode acabar de cinco formas: com um nocaute, que ocorre quando um lutador recebe um golpe tão forte que acaba perdendo a consciência; com um nocaute técnico, quando ele é alvo de uma sequência de golpes tão devastadora e intensa que se torna incapaz de se defender, obrigando o juiz a parar a luta para preservar sua integridade; por finalização, que acontece quando ele se vê imobilizado e completamente submetido e precisa dar tapinhas no corpo do rival ou no solo, se rendendo; por interrupção médica, prevista para situações em que, mesmo consciente e querendo continuar, o lutador é impedido pela equipe médica do evento, seja por uma lesão grave, seja por um sangramento intenso. E, finalmente, caso nada disso aconteça, por tempo.

Quando termina o tempo previsto para um combate e não há um vencedor, a decisão passa a ser dos juízes laterais, três pessoas posicionadas ao redor do octógono que marcam a pontuação do combate. Obviamente essa decisão, por seu caráter mais subjetivo, se torna muitas vezes alvo de contestação, e não foram poucas as situações em que lutadores e suas equipes saíram do octógono projetando sua fúria contra a arbitragem.

Daí a recomendação de Magno: que os lutadores resolvam suas questões no braço, no limite do tempo previsto, para evitar que a decisão caiba aos juízes. É bom para o esporte e para o espetáculo. Robson balança a cabeça afirmativamente. Edy Dias agradece a atenção e os três se despedem se desejando mutuamente uma boa luta.

Edy parece dedicar ao pupilo o mesmo carinho que dedicaria a um filho. Antes de ele entrar no octógono, enquanto uma canção gospel estiver explodindo nos alto-falantes do ginásio, é ele quem vai dar a última instrução ao pé do ouvido do lutador, segurando seu rosto com força e falando palavras de encorajamento num tom vigoroso, sorrindo e fechando os olhos como um pastor evangélico. Depois, quando Robson Negão já tiver saído do *cage*, os olhos inchados por uma surra inesquecível, sangue coagulado em suas costas, em seus braços e no próprio rosto, é Edy quem falará novamente ao pé de seu ouvido, dizendo coisas que vão confortar seu coração, acalmar seu espírito e lhe mostrar, outra vez, que a vida de um lutador é assim mesmo.

A relação de um treinador com seu aluno é forjada na porrada e no carinho. Você precisa ter alguém do seu lado quando o mundo todo estiver contra. Como ocorreu numa das lutas da noite, o duelo selvagem entre Gustavo Oliveira e Carlos Lokeira. Para ilustrar o drama que assolou esses atletas, vou chamá-los de Pata Voadora e Sangue nos Olhos, respectivamente, e assim o leitor poderá formar uma imagem melhor do estilo e da personalidade de cada um.

Pata Voadora era um atleta técnico, rápido, dono de pernas elásticas o bastante para atingir com força, depois de uma pirueta no ar, o queixo do rival. Já Sangue nos Olhos não dominava muitas técnicas, mas conservava os olhos vermelhos de um touro ferido, ardendo como se represassem uma fúria interior, e isso muitas vezes é o suficiente para vencer uma luta. Pata era o favorito, mas Sangue começou mostrando que isso não queria dizer muita coisa. Ele apresentou vigor e vontade de vencer desde os primeiros passos no tatame e ganhou parte da torcida. Enquanto o ginásio gritava seu nome, ele tentava aplicar uma sequência raivosa de chutes e socos e, ao mesmo tempo, desviar dos contra-ataques potencialmente fatais de Pata Voadora.

Sentada a meu lado, Jéssica procurava facilitar as coisas para mim, me explicando certas particularidades. "Ele é bom, mas de vez em quando faz umas loucuras inexplicáveis", ela dizia sobre Sangue nos Olhos. "Muita vontade de ganhar faz ele se atrapalhar todo." Uma dessas ações inexplicáveis logo ocorreu. Pata Voadora, apoiado com um dos joelhos no tatame, foi surpreendido quando Sangue nos Olhos lhe acertou uma joelhada no rosto. Para preservar a integridade do atleta, as regras do MMA proíbem joelhadas e chutes na cabeça se o alvo estiver "no chão", situação em que o lutador tem encostada no tatame qualquer parte do corpo que não seja a sola dos pés.* Pata conseguiu absorver o golpe apenas parcialmente, com uma das mãos. Como ele estava com o joelho no solo, o golpe havia sido ilegal.

Magno Wilson, que estava arbitrando a luta, precisou intervir e advertiu Sangue nos Olhos sobre seu comportamento. Minutos depois, porém, enquanto os dois estavam agarrados no chão, o indomável lutador cometeu outra ilegalidade: um chute de calcanhar na cabeça. O árbitro interrompeu a luta mais uma vez e tirou um ponto de Sangue nos Olhos. Tirou outro quando o lutador cometeu sua terceira ilegalidade da noite: mais uma joelhada na cabeça do adversário, que estava outra vez caído. Parte da torcida que o apoiava emudeceu, enquanto os fãs de Pata Voadora explodiram em ira, protestando. "Vagabundo", "Bandido", "Você vai morrer hoje, safado!", diziam para Sangue. Num determinado momento, ele respondeu lançando um beijinho a seus detratores, que se revoltaram ainda mais.

---

* Até agosto de 2016, um lutador era considerado "no chão" se estivesse com uma das mãos no solo. Por causa disso, virou uma estratégia de defesa tocar propositalmente a mão no tatame para ficar protegido de chutes e joelhadas na cabeça. Desde 2016, para ser considerado "no chão", um lutador precisa ter as duas mãos em contato com o solo ou qualquer outra parte do corpo além dos pés.

Pata Voadora poderia, se quisesse, ter pleiteado a desclassificação do adversário. Bastava dizer ao árbitro que algum dos golpes ilegais o havia machucado a ponto de impedi-lo de continuar a luta. Mas ele preferiu seguir e, recuperado, tentar manter o domínio. Abraçou duas vezes Sangue antes do início do terceiro round e mostrou aceitar os pedidos de desculpa que o rival fazia com as mãos após cada golpe proibido. Animou o público com demonstrações de um movimento raro, conhecido como Superman Punch, o Soco do Super-Homem: com uma das pernas deu um coice no vazio a suas costas; com o impulso, seu corpo se projetou para a frente, enquanto o outro pé se descolou do tatame, pairando no ar como se o lutador fosse levantar voo; dentro de uma fração de segundo, fez seu braço cair com força num soco de cima para baixo.

Mesmo assim, tinha dificuldade de conter a cólera do adversário. Em um lance no chão, Sangue abriu o supercílio de Pata. Um jorro vermelho esguichou. O lesionado estaria em apuros se a luta não acabasse logo. "Isso vai dar merda", me permiti dizer a Jéssica, temendo que, caso Sangue vencesse, o público invadisse o octógono, enraivecido. Ela acenou preocupada.

Mas então Pata Voadora resolveu o problema. No meio de uma sequência de ataques e contra-ataques, ele encerrou a luta com um movimento extremamente rápido. Sangue tentava se desvencilhar das mãos de Pata, que lhe segurava a cabeça pela nuca. Seu corpo se projetou para baixo, num sutil movimento em direção ao tatame. E então um joelho subiu. A física fez o resto. O barulho seco de osso quebrando chegou até nós como um tiro. *Pá.* Eu já tinha testemunhado o lançamento de um foguete: a explosão, o espetáculo de fogo a quilômetros de distância e, alguns segundos depois, o barulho. No mundo natural, a luz se propaga mais rápido que o som. Mas quando o joelho de um lutador encontra o crânio de outro, nessa explosão violenta de choque de osso contra osso, o som chega mais rápido do que a luz, e você fica desconcertado. *Pá.*

Quando Sangue nos Olhos levou a joelhada, ele não caiu. O ginásio inteiro ouviu o baque, mas a vida continuou como antes. Sangue continuou lutando como se nada tivesse acontecido, mas o que estava acontecendo era que um rio de sangue escorria de seu nariz. Ele sorria. E iniciou um movimento de luta livre, indo ao chão com Pata Voadora para tentar finalizá-lo ali; quando sua cabeça se virou novamente em direção ao solo, um jorro transformou o tatame branco numa poça vermelha. Magno Wilson levantou os braços. "Acabou, acabou!"

Sangue nos Olhos se levantou. Parecia não entender o motivo da interrupção. Pata Voadora foi comemorar com a torcida. Mas Sangue ainda tinha um recado a dar. Mirando os torcedores com quem ao longo do confronto vinha travando um duelo de provocações, passou a mão no rosto ensanguentado, lambeu a própria palma e mostrou a língua sangrenta. Enquanto a torcida se dividia em saudar Pata Voadora e apupar Sangue nos Olhos, um enfermeiro entrou no *cage* para conter a hemorragia. Quando a derrota de Sangue foi confirmada, o que se viu a seguir foi algo raro.

O treinador de Sangue nos Olhos, um sujeito musculoso e de cabelo grisalho, subiu no octógono e pegou o microfone, dirigindo-se aos torcedores que tinham passado a luta xingando seu atleta. "O que vocês viram aqui hoje não representa a índole do atleta nem o que nós ensinamos na academia", ele disse. A seu lado Sangue nos Olhos balançava a cabeça, concordando. "Vocês terão a oportunidade de ver outra luta dele e comprovar isso. Vocês estão certíssimos, fizeram tudo muito bem, torceram e apoiaram o atleta de vocês."

Acompanhei os dois até o vestiário, onde Sangue foi reavaliado pelo enfermeiro e pelos bombeiros, que sugeriram uma sutura no nariz numa unidade de pronto atendimento da região.

"Que guerra foi essa, meu irmão!", disse um de seus companheiros. "Achei que a gente ia ter que brigar pra sair daqui", disse outro. O lutador ainda parecia meio aparvalhado, sem a noção exata do que tinha acontecido. "Foi a cotovelada, a cotovelada", ele repetia apontando o nariz, enquanto os companheiros tentavam lhe mostrar que o problema tinha sido uma joelhada certeira.

O lutador parecia desconfiado, como se dissesse "Que joelhada?".

Pensei que Sangue fosse ser repreendido pelo treinador por ter provocado um clima beligerante no ginásio, incitado a torcida contra si e aplicado três golpes ilegais. Em vez disso, o treinador passou a mão em seus cabelos, se certificando de que ele estava bem; encaminhou-o à saída do ginásio e ficou ao lado dele o tempo inteiro. Seu semblante era sereno, talvez para transmitir a tranquilidade de que o atleta precisava naquele momento de dor, humilhação e confusão. Aquele era o momento do carinho. O treinador recolheu do chão a roupa de Sangue nos Olhos e os dois foram procurar ajuda médica.

Achei que, para a arbitragem, essa teria sido a luta mais difícil da noite. Mas a decisão de Magno de punir Sangue nos Olhos com a perda de dois pontos e interromper a luta após o rio de sangue não foi contestada nem pelos perdedores.

A luta principal do Batalha, a que valia o cinturão dos médios, era, porém, a que mais afetava o juiz, em termos emocionais. "Se eu errasse a favor do Robson, diriam que eu estaria beneficiando um ex-atleta meu; se errasse contra, diriam que eu tinha feito de propósito porque ele trocou de equipe", Magno disse depois.

O treinador havia decidido arbitrar quando se deu conta da baixa qualificação técnica dos juízes. No início, atuava por amizade em eventos pequenos e viu que dava certo. Como é bastante conhecido no meio, passou a ser mais e mais chamado. Aprofundou-se nas regras por conta própria e convidou amigos a fazer o mesmo. Apesar de várias tentativas de regulamentação, o MMA continua sendo um esporte largamente autogerido no Brasil, o que significa que, a rigor, qualquer pessoa pode criar o seu torneio, a sua equipe de lutadores e seu time de árbitros. Como não existem órgãos regulatórios fortes (como a Fifa é para o futebol, por exemplo), o sucesso de cada um desses empreendimentos particulares depende da aceitação do meio. Um torneio não prospera e não atrai público se não tiver lutas interessantes e limpas. Uma equipe não consegue vaga em nenhum torneio se seus lutadores forem desleais ou fracos. Um time de arbitragem não é convidado a atuar em lugar nenhum se toma muitas decisões controversas ou desconhece as regras. Magno começou a promover seminários de arbitragem para qualificar os torneios em que se envolvia e a partir deles criou sua própria equipe de juízes.

Jéssica e Acácio já atuaram como juízes, mas, como também são lutadores, acabaram se afastando da função, temendo acusações de conflito de interesses. A mesma acusação já recaiu sobre o próprio Magno. No confronto de Acácio contra Quemuel, uma polêmica decisão dos juízes consumiu equipes e torcedores durante semanas após o desfecho. Magno não só fora o responsável por convidar os lutadores, como era sua a equipe de arbitragem que deu a vitória por pontos para Acácio.

Mas dessa vez, no Batalha, imaginando que pudesse haver algum desconforto em arbitrar a atuação de um antigo aluno, o sensei ofereceu ao treinador de Robson Negão três nomes alternativos. Edy, contudo, escolheu Magno para a frente do combate contra Thiago Pará.

Num torneio de MMA, ninguém vê a luta melhor que o árbitro central, que tem a melhor posição da arena. Esse privilégio não vem sem grandes responsabilidades, claro. Sempre de luvas de borracha para evitar contato direto com o sangue e o suor dos atletas, o juiz tem como função primordial manter a luta no terreno esportivo e civilizado, jamais permitindo que descambe para a selvageria e o caos. A segurança dos atletas é o fiel da balança. Se alguém se torna uma presa indefesa à mercê da fúria incontida do oponente, a luta deve ser encerrada com o anúncio da vitória do atacante. Por outro lado, se os dois lutadores ficam por muito tempo em posição passiva, sem demonstrar agressividade nem esboçar golpes, o juiz precisa fazê-los lutar, dando comandos verbais ou tirando-os de posições frias. Uma luta morna é ruim para os negócios.

Como em outros esportes, no MMA o árbitro é tanto melhor quanto mais discreto. Alguns, porém, não resistem a aparecer mais que os lutadores. Jéssica contou que um deles, conhecido pelos gestos e atitudes espalhafatosos, costuma receber os atletas no *cage* com a frase: "Aqui dentro só pode existir um macho alfa".

17.

Quando as luzes do ginásio se apagam para a entrada do primeiro lutador, Magno Wilson se prepara para ingressar no *cage* e mais uma vez pede aos companheiros que rezem por ele. Ao passar pelo gradil, faz novamente o sinal da cruz e se posiciona em um dos lados do octógono, de frente para o corredor de onde virão os atletas.

Robson e Thiago, um de cada vez, saem dos respectivos vestiários e se submetem ao ritual tradicional: a música preferida em alto volume; o striptease parcial, quando tiram a roupa, item por item – boné, tênis, camiseta, cordão –; a aplicação de vaselina no rosto para diminuir a chance de cortes ao redor dos olhos; canhões de luz projetados nos degraus à medida que sobem devagar os três lances da escadinha até o octógono.

O *announcer*, o locutor, o único vestido apropriadamente para uma festa ou reunião importante, informa os nomes e as medidas dos combatentes. Magno reúne os dois no centro do tatame e os orienta pela última vez. Que façam uma boa luta e se respeitem. Ele os afasta, um para cada canto. Lança um olhar discreto a seus três juízes laterais e espera um aceno positivo. Olha finalmente para Jéssica, que comanda a mesa central da arbitragem, o local onde ela e uma assistente controlarão o tempo da luta. Quando ela faz um aceno, Magno estende os braços e diz: "Robson, pronto? Thiago, pronto? Lutem!".

E eles lutam.

É sempre assim. Durante 25 minutos, esses dois pesos médios vão trocar todo tipo de agressão, mas o nocaute não acontecerá, o destino de cada um não estará escancarado dentro do *cage*: o vencedor será escolhido naquelas mesas de plástico branco, mal iluminadas, discretamente posicionadas em algumas quinas do octógono, às quais estão sentados homens e mulheres de olhos atentos e dedos ágeis. Três juízes anotam, num bloquinho, bolinhas ou tracinhos cada vez que um cotovelo acerta um queixo, um pé encontra uma canela, as costas de alguém explodem com força no tablado. Eles têm os olhos treinados para discernir movimentos que o mero mortal não consegue. Onde eu vejo um soco, eles parecem ver três; quando distingo uma joelhada, eles parecem ver nenhuma.

Esses juízes têm critérios que só eles e os demais especialistas compreendem. Sabem quando um soco entra ou quando fica na guarda, sabem quando um atleta sente um golpe ou quando o absorve bem, porque todos eles já levaram golpes como aqueles. Medem a contundência de um chute apenas com o olhar. Quando dois atletas se engalfinham e trocam socos com velocidade desconcertante, eles anotam tudo. Sabem exatamente como transformar uma sequência de raiva e caos em números, bolinhas e tracinhos.

A cada cinco minutos, eles, tranquilos, vão contar seus desenhos – 1, 2, 3, 4 –; talvez recontem para não se enganar, e escrevem ao lado a pontuação de cada round: 10-9 a favor de quem o dominou ligeiramente, 10-8 para quem venceu com um pouco mais de folga, e assim por diante.

Alheios a tudo isso, Robson Negão e Thiago Pará se batem. Thiago tenta pressionar Robson contra a grade e castigá-lo com cotoveladas que transformarão seu rosto numa paçoca de sangue coagulado. Ao mesmo tempo, tenta ignorar a dor que emana de sua perna esquerda, vítima das pancadas violentas de Robson. Quando o paraense pisa em falso pela primeira vez, fazendo transparecer um sofrimento quase insuportável, ouve, do alto da plateia, o grito de um amigo: "Não desiste, Thiago! Até o fim, vai até o fim!".

Estou ao lado de Jéssica, que monitora o tempo. Ela tem dois cronômetros, um deles de reserva. Quando o cronômetro titular chega aos dez segundos finais de cada round, ela faz soar dois pedaços de madeira para avisar aos lutadores e ao árbitro que aquela sessão da luta está prestes a terminar. Quando o relógio marca os cinco minutos, ela aperta uma buzina de ar comprimido e Magno corre para se meter no meio dos dois, trazendo-os para a segurança do intervalo e conduzindo-os a seus respectivos *corners*.

Isso se repete cinco vezes. Ao final da luta, como não houve finalização nem nocaute, um membro da equipe de arbitragem corre a recolher as anotações dos juízes laterais. Ele os entrega a Jéssica. Enquanto cada um dos lutadores se recompõe e comemora a vitória que acredita ser sua, a grávida faz as contas. Passa a limpo cada nota para um segundo papel e soma tudo com a calculadora do celular. Num terceiro pedaço de papel, escreve em letra redonda e enorme a frase que o *announcer* lerá ao público.

"O vencedor por decisão dividida é..." E, ao lado, o nome do vencedor. Antes de entregar o papel, ela ainda confere as contas. O processo todo não dura mais que alguns minutos. Quando os alto-falantes do ginásio ecoam a frase escrita por Jéssica, Magno Wilson está segurando o braço dos dois lutadores, mas apenas o de um deles vai ser erguido.

"O vencedor por decisão dividida é", anuncia o locutor, "Thiago Pará!" O lutador recebe o cinturão e o veste pela primeira vez, ainda tentando disfarçar a dor excruciante na perna esquerda. Do outro lado de Magno, Robson Negão, seu antigo aluno, está cabisbaixo. Ele havia começado a luta com uma costela machucada, e a dor das investidas do adversário ficará ainda mais intensa no dia seguinte, quando seu corpo esfriar e a adrenalina baixar. Dar aulas na segunda-feira será impossível, bem como me conceder uma entrevista. "Por favor, me perdoa", ele dirá. "Não estou bem. O mestre Edy sabe tudo de mim, ele pode falar com você por mim, mano."

Mestre Edy dará aulas em seu lugar e remanejará a escala dos demais instrutores para cobrir as janelas durante o período em que Robson estiver se recuperando.

Acácio assistiu a tudo a cinco metros do octógono, ao lado de Marcio Telles. Eu esperava que agora testemunharíamos o momento apoteótico em que ele sairia das sombras, tomaria o microfone e desafiaria o campeão, dizendo que aquele cinturão deveria ser dele. Talvez fosse a coisa certa a fazer, pelo menos a mais midiática, a mais profissional. Mas quando olhei para Acácio, ele estava meio sonolento, se protegendo do frio com um grosso casaco amarelo, os braços cruzados displicentes. O desafio tinha sido incentivado por Jéssica e por Magno, mas o lutador não parecia muito disposto a encampar a ideia.

O campeão deu algumas entrevistas ainda no octógono e posou para fotos com a família. Enquanto o público esvaziava as arquibancadas e as luzes se acendiam, Acácio dava sinais de que queria ir embora. Ele e Marcio Telles haviam achado a luta fraca e previsível, embora Marcio tenha dito, com ar de galhofa, uma frase misteriosa: "Prefiro reservar meus comentários para mim mesmo". Antes de ir embora, Acácio encontrou tempo para cumprimentar um lutador amigo, que tinha vencido um combate mais cedo.

"Fiquei sabendo que ninguém quer lutar com você, negão", disse o outro, rindo.

"Pois é, tá difícil", respondeu Acácio. "Tá todo mundo correndo."

"Ouvi dizer que o pessoal te vê na rua e atravessa, não quer nem chegar perto. Mas eu entendo, eu também não lutaria com você. Nunca. Você parece um cavalo!"

Os dois se despediram e Acácio, sorrindo, foi relatar o encontro a Jéssica e a Telles: "Ele disse que ninguém quer lutar comigo. Porque eu pareço um cavalo". Durante boa parte da noite ele havia sido abordado por lutadores e treinadores amigos, e ouvira que precisava ter paciência, que um dia ia aparecer um adversário, era questão de tempo. Ao se despedirem, os três pareciam felizes com os resultados. Cleberson, o lutador que fora adotado pela equipe, tinha vencido. Robson Negão, o ex-aluno que trocara o sensei Magno por outro, tinha perdido.

Mas para Magno o alívio maior era que tudo tinha corrido bem. Quando perguntei se algum dia ele perdoaria Robson Negão e o aceitaria de volta na Guarulhos Figth Team, ele disse que sim. "Ficou a mágoa, mas é que sou muito passional", ele disse. "Se o Robson voltasse, eu faria um contrato com ele, coisa que nunca fiz. Minha relação com o Acácio é de confiança, na palavra. Com ele eu sei que não preciso de contrato. Com o Robson, sim."

Eu já havia testemunhado exemplos da confiança radical que um deposita no outro. Naquela madrugada no motel, enquanto desidratava e perdia a capacidade de raciocinar, Acácio tinha deixado todas as decisões sobre seu estado físico nas mãos de seu mestre. Ele ficaria sufocando dentro daquele carro o tempo que Magno quisesse. Por outro lado, o lutador sabia que seu caminho ao UFC poderia ser menos difícil se estivesse numa equipe maior, com mais recursos e visibilidade. Todas as vezes que eu falava sobre isso, Acácio afastava qualquer possibilidade de abandonar Magno. Aquela equipe já tinha se tornado sua família. Isso seria para sempre.

Já eram mais de duas da manhã quando deixamos Santa Isabel. Uma neblina espessa cobria a cidade na madrugada, tão gelada como a da véspera.

18.

Certa vez Acácio Pequeno quebrou a mão numa luta. No intervalo de um round para outro, mostrou a fratura a Magno Wilson. Ele não pareceu comovido. "Vai querer desistir agora?" Como Acácio não dissesse nem sim nem não, Magno reiterou o comentário de maneira não verbal, estapeando o rosto do lutador. Acácio entendeu e voltou à luta. Venceu. Só foi ao hospital no dia seguinte. Botou um pino de aço e levou pontos.

Um dia Marcio The Big Telles se viu cara a cara com um sujeito oito centímetros mais alto. Era sua primeira luta depois de dois anos. Das onze anteriores, tinha perdido seis. Seu adversário estava invicto, e havia treinado com Demian Maia, lutador paulista do UFC. Para muitos Telles já era galinha-morta, um homem escalado para apanhar. Quando o combate começou, ele levou dois socos de boas-vindas. Mas o primeiro que deu acertou o queixo do adversário. Marcio Telles pesa mais de cem quilos. Os olhos da vítima ficaram vagando pelo teto enquanto suas costas tocavam o chão. A luta acabou rápido, antes dos dois primeiros minutos.

Magno Wilson é menor, menos atlético e mais velho que seus dois alunos. Mesmo assim, é faixa preta de duas modalidades diferentes de jiu-jítsu. Um dia me convidei para treinar MMA com eles. Primeiro eles riram. Depois disseram sim.

Minha intimidade com artes marciais poderia ser representada por um número decimal que tende a zero. Navegando as águas turvas da memória infantil, lembro da estreita rua de paralelepípedos em Belém onde a molecada do bairro jogava bola. Um dia briguei com um valentão por alguma disputa de futebol. No calor do momento, a masculinidade aflorando agressiva na umidade sufocante da Amazônia, ele me encarou e fez um daqueles desafios que você só aceita se for um adolescente desesperado por autoafirmação. "Dá-lhe, se tu for homem", ele disse.

E então, porque eu era homem, eu dei-lhe. Um soco na boca do estômago. Ele abaixou buscando ar. Era um cara conhecido por não aceitar aquele tipo de agressão impunemente, um moleque mais velho metido nas piores brigas. Nunca soube seu nome. Só seu apelido: Maguila.

Enquanto Maguila se recuperava, tentando elaborar a surra no mauricinho da rua, eu fiz o que se recomenda numa situação dessas: corri e me tranquei em casa. Prometi a mim mesmo que não sairia enquanto ele estivesse por aí, à espreita, pronto para uma revanche. Soube depois que Maguila tinha mudado de bairro, e então, revigorado com a certeza de que sobreviveria, pude retomar a liberdade. E assim acabou minha curta experiência com o pugilismo.

Anos depois, já na terceira década da vida, resolvi me matricular numa academia com o intuito de emagrecer e ganhar músculos. Era uma dessas franquias enormes que se dizem diferentes de todas as outras, mas têm as mesmas paredes espelhadas, a mesma iluminação e a mesma música animada e altíssima de boate adolescente. Era a primeira vez que eu entrava num lugar daqueles a sério. Depois de uns 45 minutos puxando artefatos de metal mais pesados do que eu, manuseando um equipamento que imitava uma canoa sem remos e pedalando, meu estômago começou a agir como se alguém estivesse jogando rúgbi lá dentro e eu tive aquela sensação constrangedora que só temos segundos antes de vomitar. Não vomitei, mas aprendi que os limites do corpo devem ser respeitados – e que é preciso se alimentar bem antes de exercício físico intenso.

Em meados do século passado, quando o boxe era um esporte levado a sério, o jornalista paulistano Henrique Matteucci fez carreira na crítica de lutas e se tornou um dos maiores especialistas do pugilismo brasileiro. Um dia, depois de criticar a atuação de um atleta, foi abordado na rua pelo ofendido. O diálogo está reproduzido no livro *Eu já beijei a lona*, que Matteucci escreveu e do qual tive notícia por intermédio de outro livro, *Em 12 rounds*, de meus colegas de redação Bruno Freitas e Maurício Dehò.

"Então eu sou burro, é?", perguntou o lutador conhecido como Sacomã, 1,90 metro de altura, 93 quilos de imensidão.

"Não foi bem isso que eu escrevi", contestou o jornalista. "Apenas disse que você perdeu porque lutou como um irracional."

O atleta desafiou o repórter a deixar a máquina de escrever e calçar luvas, sentir na pele o que é medir forças com outro boxeador, já que ele se achava "muito racional, muito inteligente". Matteucci aceitou. Inscreveu-se num torneio, iniciou os treinos, começou uma dieta e reduziu drasticamente o número de cigarros. Na primeira luta, como que reproduzindo o roteiro de um filme de verossimilhança duvidosa, conseguiu vencer por pontos. Depois, ao refletir sobre sua experiência nos ringues, ele escreveu: "Tinha razão o Sacomã: 'Lá *drentro* é *deferente*'".

Por outras vias, pude descobrir a dimensão dessa diferença.

Meu telefone vibrou ao meio-dia de uma quarta-feira de 2016. Um promotor de torneios de MMA me enviava um cartaz de seu próximo evento, anunciando catorze lutas com ingressos a cinquenta reais. No destaque, dois lutadores separados por um VERSUS me encaravam com cara de mau.

Do lado direito, um fortão erguia os braços como um Popeye moderno: cotovelos ao alto exibindo músculos construídos em anos de malhação, olhar agressivo, cabeça raspada acima das orelhas, postura de quem não estava ali a passeio. Do lado esquerdo estava... eu: punhos fechados na altura do peito e a expressão mais ameaçadora que havia conseguido conjurar na véspera. Não tinha sido fácil. Uma amiga de passagem por São Paulo fora surpreendida por aquele meu pedido. Sem camisa, posei para ela desajeitado, tendo uma parede branca como fundo.

Aquela imagem mostrava uma verdade inconveniente: dali a duas semanas, segundo o promotor, eu subiria no octógono numa luta do esporte mais badalado – e controverso – dos últimos anos. Só tinha um problema: eu nunca pisara numa academia de artes marciais e nunca havia chegado perto de um treino de MMA.

O oponente era um atleta de verdade.

19.

Seria uma cena curiosa. Na melhor das hipóteses, uma situação constrangedora. Na pior, um massacre. Eu estava onde estava por um misto de curiosidade jornalística e total ausência de bom senso. Quando comentei com uma amiga prestes a se formar advogada o que eu pretendia fazer, ela reagiu razoavelmente indignada: "Essa pauta está errada!". Em certo sentido, estava mesmo.

Alguns dias antes, eu havia encontrado o presidente de uma das federações de MMA (existem várias, nenhuma realmente confiável), e ele havia me dito que muitos promotores de eventos não examinam o histórico de quem sobe no octógono.

"Os caras não pedem nada – exame, diploma, carteirinha, antidoping –, não conferem se a pessoa é de alguma academia ou não", disse o presidente numa das sedes de sua federação, uma antiga banca de revistas no centro de São Paulo que ele tinha esvaziado para vender camisetas esportivas e tirar fotocópias de documentos. Era um modo de ganhar um extra, já que é muito difícil fazer dinheiro apenas com a regulação de torneios esportivos de artes marciais.

"Eles só querem saber se o cara vai subir lá disposto a dar e tomar porrada", ele disse. "Qualquer um entra, até você."

A ideia de um jornalista sem experiência ser aceito numa luta de MMA provaria que a falta de regulação desses eventos punha em risco a segurança dos atletas. De repente, achei que a pauta, apesar de controversa, poderia render uma boa reportagem. O cara se empolgou. Começou a fazer planos, disse que seria meu treinador, me levaria às farmácias onde os atletas compram substâncias ilegais que jamais são flagradas em exames antidoping porque eles simplesmente não existem.

O sujeito bolou um roteiro: eu me inscreveria num torneio "clandestino", subiria no octógono e na hora H inventaria uma desculpa, uma lesão por exemplo, para não seguir na luta. Ele então revelaria sua identidade, provaria a ilegalidade do evento e, com o apoio do Ministério Público, fecharia o torneio, impondo uma multa ao organizador. "Vai dar tudo certo", ele me assegurou, mas essa convicção não durou muito. "Pensando bem, talvez seja o caso de levar uns amigos à paisana para garantir a segurança. Os caras vão ficar meio putos."

Me despedi avisando que retornaria caso decidisse seguir com os planos, mas intimamente já tinha descartado a ideia porque ela me parecia mirabolante demais. Mesmo assim, resolvi testar a afirmação de que qualquer pessoa podia ser aceita num torneio de MMA.

Pesquisei eventos previstos para as semanas seguintes e descobri o telefone dos organizadores. Na primeira ligação, o representante de uma academia no centro de São Paulo disse que sentia muito, mas a lista dos combates já estava fechada. "Manda um e-mail que no próximo você está dentro." Perguntei se era preciso apresentar algum documento ou pagar alguma taxa de inscrição. "Não", respondeu o homem. "Nós é que pagamos para você!"

Então procurei um evento que não estivesse tão próximo. Por telefone, repeti a história que tinha inventado para poder me inscrever: eu era um lutador iniciante que acabara de chegar a São Paulo e queria uma chance de mostrar serviço. Inventei o nome de uma equipe e de um treinador. "Qual o seu peso?", perguntou o dono do evento. "Um pouco mais de oitenta, mas luto na [categoria] 77", respondi. Eu já sabia que nas artes marciais era praxe perder peso. "Não se preocupe que vou conseguir uma luta", ele disse.

Já no dia seguinte ele telefonou para dar a boa-nova. "Guerreiro, consegui", o sujeito começou, animado. "Me mande uma foto e o nome da sua equipe que vou pedir para montarem o cartaz de divulgação e aí você coloca nas redes sociais e chama sua torcida."

Jamais conversamos sobre exames médicos, doença infectocontagiosa, cardíaca, diabetes ou hipertensão. Afirmei ter feito algumas lutas, mas ele não se mostrou interessado. Ele não me pagaria bolsa, mas eu teria direito a vinte reais de cada ingresso que conseguisse vender. Topei. Olhei o calendário e fiz as contas. Faltavam duas semanas para o combate.

As semanas seguintes foram insanas. Conversei longamente com meus chefes e colegas de redação. O limite era sempre o da minha segurança. Depois de um almoço animado em que listamos todas as violências de que eu poderia ser vítima durante a apuração da reportagem, encontramos o perfil do meu adversário na internet, vimos suas fotos em treinos e tivemos a certeza de que não haveria nenhuma chance de aquela luta terminar bem para mim, caso ela acontecesse. Rapidamente descartamos a ideia de minha estreia no octógono.

Nem todos nós, porém. Eduardo Ohata é um repórter baixinho de compleição aparentemente frágil, que caminha de um jeito muito particular, os ombros curvados para a frente, o corpo balançando no ritmo de suas passadas lentas, o olhar alerta. Ele costuma ouvir atentamente, às vezes refletindo com os dedos no queixo, as sobrancelhas se retorcendo em direção aos olhos, e se acha graça em alguma coisa explode numa gargalhada. Quando o conheci, ele era um repórter experiente, e eu, um novato recém-admitido na *Folha de S. Paulo*. Minha primeira lembrança de Ohata é ele numa mesa no canto da redação, cercado por blocos de anotação velhos e papéis amassados, falando ao telefone com alguém que lhe passa uma informação exclusiva, dando um salto e correndo a relatar o furo ao chefe. Parecia sempre ligado na tomada.

Anos depois, em 2014, nós nos reencontraríamos numa rua escura de Sorocaba, interior de São Paulo, onde ambos havíamos ido cobrir a chegada das seleções da Rússia e do Japão, que se preparavam para a Copa do Mundo de futebol. Ficamos horas na frente do hotel, e quando uma das seleções chegou só nos coube ver um ônibus de janelas escuras passar durante breves segundos, o portão do hotel fechar e os policiais fazerem aquele clássico gesto de "É isso aí pessoal, circulando, circulando". E foi isso. Saímos de lá levemente irritados, sem furo nem matéria. Paciência.

Mas o passado de Ohata tinha sido mais emocionante do que uma cobertura modorrenta no interior.

"Acredite se quiser, mas eu tinha o abdômen trincado, cheio de gominhos", Ohata me disse ao lembrar de sua adolescência. Ele começou a treinar aos catorze anos para provar alguma coisa a seu pai. Machão, o velho costumava procurar briga na rua e acreditava que o filho, franzino e tímido, jamais sobreviveria a uma porrada. O garoto discordava. Em seu primeiro dia no ringue, ele bateu luvas com um sujeito pelo menos doze quilos mais pesado, sofreu sob sua mão de pedra, desceu de lá com a roupa ensanguentada, mas valeu a pena: o pai assistira a tudo e começara a admitir que o sujeito que carregava seu DNA nas veias era, sim, capaz de apanhar como um cachorro. "Por incrível que pareça, gostei daquilo", Ohata me disse por telefone.

De família de classe média, ele se apaixonou por um esporte de gente pobre. Ficou chapa de caminhoneiros, pedreiros, desempregados, usuários e homicidas, e essas pessoas o ajudaram a superar a timidez. Acabou viciando no esporte e leu tudo que pôde sobre lutas. Ainda adolescente, bateu na porta da redação da revista *Ring* e começou a escrever sobre pugilismo. Foi aí que seu caminho cruzou com o de Henrique Matteucci, o jornalista que havia trocado a máquina de escrever por luvas de verdade.

Matteucci já estava em fim de carreira; também colaborava com a *Ring* e, quando Ohata o procurou para lhe dizer de sua admiração por seus artigos, o velho repórter adotou o adolescente que gostava de escrever e o estimulou a seguir na profissão. Já formado e trabalhando, Ohata resolveu homenagear o antigo mestre. Mesmo fora de forma, voltou à academia para repetir a trajetória do repórter nos anos 1950. Seu plano era se inscrever na Forja de Campeões – o mesmo torneio em que Matteucci havia competido –, ganhar a medalha e entregá-la ao velho jornalista.

Mas os tempos eram outros. Quarenta anos depois, Ohata fez três lutas e perdeu as três. Nunca esqueceu um de seus algozes, um sujeito que, segundo ele, tinha os braços da espessura das pernas de um homem adulto. "O nome dele eu nunca soube, mas o apelido era Tysinho", ele disse.

Quando Ohata me encontrou numa tarde na redação do UOL, ele já como blogueiro do portal, comentei sobre a pauta que estava produzindo. Ele se animou: "Conheço uma dieta infalível para perder peso rápido". Ele precisara secar três quilos em apenas um dia, antes de uma luta. "Eu posso te treinar." Esclareci que não tinha a intenção de lutar. Ele continuou me olhando daquele jeito inescrutável, como se ainda estivesse buscando um sentido na história toda. "Ah, não? Bom, tudo bem, se mudar de ideia pode contar comigo."

Não mudei de ideia, mas estive perto de abandonar a história. Eu tinha algumas objeções éticas em relação à apuração daquela reportagem. A principal era que havia começado com uma mentira. Para conseguir me inscrever no torneio eu tinha precisado inventar uma história para ludibriar o promotor do evento. Se você não mente a seu leitor, tampouco mente a seus entrevistados, às fontes de informação, aos personagens de suas histórias. Por outro lado, como conseguiríamos mostrar a absoluta falta de regulação dos torneios de MMA e todos os desdobramentos disso (como a armação das lutas, a falta de segurança aos atletas) sem me fazer passar por um iniciante em busca de um lugar no octógono? Sem dúvida haveria outras formas, mas aquela nos pareceu a mais impactante, a que talvez delatasse o problema de maneira mais direta e ilustrativa.

Decidimos continuar com a reportagem, mas tomamos o cuidado de não identificar as pessoas envolvidas, e por isso omitimos o nome do torneio, do organizador e do outro lutador. Conforme minha apuração demonstraria, aquele não era um problema específico de um torneio ou de uma pessoa, então não seria justo particularizá-lo.

Ainda haveria outra questão a resolver: como eu me safaria da luta? Deveria ir até a pesagem, até o local da luta, ou simplesmente trocaria o número de telefone e sumiria para sempre? Enquanto discutia com os editores e analisava as possibilidades, trabalhava normalmente em outras histórias.

Um dia, na redação, no final da tarde, uma janela piscou no WhatsApp. Era meu irmão perguntando se eu já tinha falado com nossa mãe. Não, não tinha. Eles todos moravam em Belém do Pará. "O papai fez uma bateria de exames e foi diagnosticado com câncer no estômago", ele escreveu. "Já está numa fase avançada."

Enquanto ele explicava os exames, os sintomas, a pesquisa que tinha feito sobre esse tipo de câncer, eu olhava ao redor sem saber o que fazer. Tudo continuava igual: os colegas digitavam, falavam ao telefone, as televisões reprisavam lances de futebol ou mesas-redondas. Minha primeira reação foi procurar uma passagem de avião na internet. Mas desliguei o computador e fui embora.

Desci o prédio e cruzei a pé os dois quilômetros que separam a redação da minha casa. A noite começava a surgir por trás dos prédios, o frio do fim de setembro ficava cada vez menos suportável e eu lutava para segurar um choro que ia se construindo em algum lugar dentro de mim. *Câncer. Fase avançada.* Esperei o sinal de pedestres abrir. Passei por uma esquina que sempre alagava mesmo em chuvas fracas. Não estava chovendo. Me arrependi de ainda não ter comprado a passagem. *E se eu nunca mais estiver com ele?* Quando tinha sido a última vez? Natal. Dez meses antes. Câncer. *Vai ter que tirar o estômago.* "Ele está bem, sem sintomas. Parece que é um câncer pouco agressivo." Mas é câncer. *Vai ter que fazer químio.*

Por que não comprei a passagem?

20.

Meu pai era o cara mais saudável do mundo. Quase tão saudável quanto o pai dele, que tinha morrido havia dois anos, de câncer, aos 79 de idade. Antes de chegar em casa, comecei a soluçar. Nunca tinha tido essa experiência de chorar em público numa cidade como São Paulo, as pessoas passando por você, olhando sem ver, como se aquilo não fosse problema delas, como efetivamente não é, a vida seguindo enquanto você só consegue pensar *câncer*, *fase avançada* e *quimioterapia*. E a passagem que você não comprou, e os dez meses que você está sem ver seu pai, e o Natal.

Cheguei em casa ainda chorando. De alguma forma consegui dormir. Dois dias depois, o WhatsApp piscou outra vez. Era o promotor do torneio. "Guerreiro", escrevia ele, "consegue bater 74 [quilos]?" Ele dizia que esquecera que o meu adversário havia pedido para lutar com 74 quilos, uma zona intermediária entre duas categorias oficiais, possibilidade que no meio das lutas se conhece como "peso combinado". Ele se desculpou pela confusão e me pediu para perder mais três quilos. Pedi um tempo para pensar, para conversar com meu suposto treinador e analisar a situação.

Mas logo fiz o que sempre faço diante da iminência de um combate físico com alguém mais forte, mais apto e mais bem treinado: fugi. "Tenho muita dificuldade para perder peso", escrevi. "Não vai dar. Espero que entenda." Ele entendia. Pronto, o problema – como se desvencilhar da luta – tinha se resolvido.

Eu ainda planejava ir ao local do evento no dia marcado, sem me identificar, só para acompanhar os combates e ter mais elementos para a reportagem.

Antes, porém, eu precisava ver meu pai. Como seu estômago já estava praticamente comprometido, seria preciso retirar o órgão inteiro – os médicos fariam uma ligação direta entre o esôfago e o intestino, de modo que pelo resto da vida sua digestão ocorreria no intestino. O corpo se adapta, disseram. A cirurgia estava marcada para 7 de outubro, uma sexta-feira; a luta, para o sábado da semana seguinte.

Avisei meus chefes e eles me liberaram para ficar fora o tempo que fosse necessário. Dois colegas me ajudaram a comprar as passagens. Como a cirurgia seria no mesmo fim de semana da festa do Círio de Nazaré, ocasião em que Belém lota, os preços estavam proibitivos. Fizemos um roteiro alternativo: um voo de São Paulo a São Luís, no Maranhão, e de lá um ônibus até Belém.

Na rodoviária de São Luís, recebi outra ligação do promotor do torneio. Ele avisava que tinha conseguido outro lutador para mim, esse sim no meu peso. O cara realmente queria que eu lutasse no evento dele, sabe-se lá por quê. O telefone continuou tocando nos dias seguintes. Não atendi.

Quando encontrei meu pai, ele nem de longe parecia um paciente que traz o aviso *câncer em estágio avançado* anexado ao prontuário médico. Na sexta de manhã, horas antes de entrar na sala de cirurgia, ele foi ao escritório onde trabalha. Segundo a tradição, no domingo do Círio de Nazaré uma imagem de Nossa Senhora percorre a cidade, e milhões de devotos agradecem ou pedem bênçãos. Nos dois dias anteriores, a imagem acompanha outras romarias e é homenageada por barqueiros, motoqueiros e moradores, que depois do pipocar de fogos de artifício cantam em uníssono os hinos religiosos. Mas no resto do tempo a multidão fica em silêncio absoluto, fazendo um exame de consciência e confessando à santa seus sentimentos mais profundos. Meu pai não é muito religioso, mas se emocionou ao ver a imagem passar, cercado dos colegas que o apoiavam antes da cirurgia.

No hospital, acompanhei-o até o local onde se prepararia para a operação. Ele me entregou a carteira, o relógio e a aliança que trocou com minha mãe havia 29 anos. Nós nos despedimos com um abraço que eu fiz de tudo para parecer banal, só mais um.

Foi uma cirurgia longa. No fim da noite, tivemos notícias. "Tudo como o esperado", disse o cirurgião, o semblante de quem tinha apenas cumprido um procedimento de rotina, sem sobressaltos. Alguns minutos depois um enfermeiro apareceu e me entregou um saco plástico branco nas mãos. "Esse é o estômago", ele disse. O estômago do meu pai. Guardamos o órgão em uma bolsa e ele ficou numa estante em casa até ser encaminhado a um laboratório para ser examinado e descartado.

Nos primeiros dias, permaneci no hospital ao lado do meu pai. Como seu sistema digestivo ainda se adaptava à nova realidade, por um tempo ele ficou só no soro intravenoso, tal qual muitos lutadores nos minutos logo depois da aferição do peso. Então uma enfermeira me instruiu a encher uma seringa com um pouco de água de coco, que seria introduzida numa sonda nas narinas, a chamada sonda nasogástrica. Repetimos o procedimento com chás e sucos de frutas. Ainda meio grogue por causa dos remédios, ele indicava com os olhos quando sua sede se saciava.

A recuperação corria bem. Ele passou a se alimentar, também por sonda, de uma comida pastosa, até que aos poucos foram introduzidas refeições de verdade. Ele sentiu muito enjoo, perdeu peso. Depois da quimioterapia e da radioterapia, de uma enormidade de exames, um dia, se tudo der certo, ele vai ouvir a notícia de que o câncer se foi para sempre.

Voltei para São Paulo e fui assistir ao torneio no qual havia me inscrito. Meu adversário estava lá. Haviam lhe arrumado um novo rival, um garoto alto, de boa envergadura, especialista em taekwondo, a arte marcial criada no exército coreano, esporte olímpico desde 1994. Mais tarde eu descobriria que ele aceitara a luta à revelia do treinador, e por isso não tinha se preparado direito. Menos treinado do que o oponente, perdeu sem oferecer muita resistência.

Meus editores decidiram publicar a reportagem num pacote especial sobre MMA, junto com mais quatro matérias. Um repórter foi destacado para me ajudar na apuração. Eduardo Ohata, que não sabia do desenrolar da minha atuação como lutador, continuava preocupado com minha carreira. Quando o procurei quase um ano depois, encontrei uma mensagem que não lembrava ter recebido. "Esse é o tutorial de como você deve agir se os caras forçarem você a entrar no *cage*", escrevia o jornalista-pugilista. "Estude cuidadosamente." Em anexo, um link que já havia expirado. Quando perguntei o que era o tal tutorial, Ohata me deixou na mão: "Putz, não lembro".

Depois dessa experiência de quase luta, precisei me aprofundar ainda mais no universo do MMA e resolvi seguir de verdade a sugestão daquele antigo jornalista-pugilista dos anos 1950 de trocar a máquina de escrever por luvas. É claro que não chegaria às últimas consequências, mas treinar alguns golpes e movimentos poderia me ajudar a ter uma sensação, mínima que fosse, do que é esse esporte controverso.

Naquela época eu pesava 75 quilos. Contei à equipe da Guarulhos Fight Team minha ideia de treinar com eles e, depois que eles pararam de rir, fiz um pedido a Marcio The Big Telles: "Pega leve, por favor". Ele riu outra vez. Mais tarde o pessoal me avisou de que ele é conhecido por nunca pegar leve.

Lembro que no Dia dos Namorados entrei num táxi rumo a Guarulhos e me pus a especular que tipo de acidente poderia acontecer num treino de MMA envolvendo profissionais que estavam sem lutar havia meses, sedentos por mostrar serviço, e um jornalista curioso. Não consegui inventar uma desculpa para não ir.

E então, no terceiro andar da academia Boa Forma, em Guarulhos, em cima de uma padaria, de dezenas de pessoas correndo em esteiras elétricas, levantando halteres e fazendo agachamentos, os lutadores da Guarulhos Fight Team começavam a se aquecer para o primeiro treino da semana.

Magno me viu na escada. "Já veio machucado?", ele tirou onda. Eu ainda me recuperava de um pequeno acidente sofrido na semana anterior, quando na saída de um bar acabei atingido no rosto por algum objeto desconhecido – não sei se um poste de iluminação, o batente de uma porta, o toldo de uma loja, o galho de uma árvore ou uma parede. Lembro de receber o impacto no rosto, tentar me reequilibrar e continuar caminhando enquanto uma dor cada vez mais intensa irradiava alguns centímetros abaixo de meu olho direito. Foi tudo muito rápido, quase como se um lutador me tivesse acertado um cruzado potente.

Ainda com o rosto ligeiramente inchado e em processo de cicatrização, troquei a roupa para o primeiro treino de artes marciais de que participaria na vida. Como o MMA tem ficado bastante popular, a academia tinha liberado horários em que profissionais treinavam com alunos que não necessariamente praticariam o esporte de maneira competitiva. Éramos entre dez e quinze pessoas, e alguns de nós havíamos ido para emagrecer, para abandonar o sedentarismo, para ganhar músculos ou escrever um livro.

Acácio Pequeno estava lá. Depois de semanas de dedicação à tarefa de embelezar a casa da família, queria retomar a rotina. Era seu primeiro treino depois da pausa e ele se sentia enferrujado. Marcio Telles também comparecera. Diferentemente do colega, ele treinava com um objetivo claro: dali a algumas semanas começaria o *camp*, a fase mais intensa de treinamento, para sua próxima luta. Jéssica também fora. Sentada num canto do octógono, ela observava a movimentação e fazia o papel de treinadora informal, ajudando os lutadores a executar melhor as ordens de Magno. Mesmo sem poder treinar, continuava fazendo da academia uma extensão de sua casa.

O treinador me emprestou um par de luvas pretas. Diferente das de boxe, as luvas de MMA precisam deixar livres os dedos dos atletas, para que eles possam executar melhor os movimentos de agarre. A maioria deles traz, por baixo da luva, uma fita que enrola toda a mão e serve de proteção contra choque e previne mau cheiro. Dispensei a medida.

Espalhados pelo tatame, de frente para uma parede com espelho e de costas para um pequeno octógono, escutamos cuidadosamente as instruções do sensei. Os movimentos iniciais são bem simples, apenas para aquecimento: primeiro você ginga de um pé para o outro, emulando o conhecido jogo de pernas dos lutadores de boxe, porque numa luta é sempre recomendável se mexer bastante – alvo parado é mais fácil de atacar. Depois você move as pernas em sincronia com os braços, atacando com socos e chutes um inimigo invisível à sua frente. Após alguns exercícios comuns de academia (flexões de braço e abdominais), Magno nos separou em duplas e nos pediu para trocar socos.

Acácio me escolheu como dupla. A música tocava alto no aparelho de som no canto do tatame e, no ritmo dela, eu tentava acertar a palma das mãos dele. "*Jab, jab*, cruzado", ele cantava, olhando fixamente para minhas luvas. De uma simplicidade desconcertante, esse é o tipo de instrução que pode te deixar confuso. *Jab* é minha mão esquerda na sua mão direita ou o contrário? Enquanto bato com uma mão, o que faço com a outra? As pernas se posicionam como? E o quadril? E o meu rosto, segue o movimento do corpo ou vai em sentido contrário?

"Tenta deixar seu rosto mais longe de mim", sugeriu Acácio, notando um movimento temerário. "Porque se você vier aqui", ele inclinou o tronco para a frente, "eu devolvo aqui..." Seu punho direito flutuou lentamente em direção a meu queixo e eu pude imaginar – apenas imaginar, como num filme de terror em que vemos a porta se mover mas não o fantasma que a abriu – o que seria receber um soco de Acácio.

Mas é claro que para tudo na vida há uma solução. Se um dia você estiver prestes a receber um soco na cara, você pode fazer duas coisas: esquivar-se, e para isso aquele jogo de pés pode ser útil, ou tocar com a sua mão a mão em movimento do adversário e desviar o golpe. Parte do treino foi dedicada a repetir um movimento muito sutil. Quando Acácio tentava me golpear na cabeça, com um leve tapa de uma das mãos eu desviava seu braço, enquanto contra-atacava com a outra. Eu jamais seria tão rápido e preciso quanto ele, mas poderia ser salvo de um nocaute se repetisse esse movimento simples, quase um jogo de adoleta entre crianças.

E então fomos ao chão. Os momentos mais visíveis do MMA, aqueles que costumam levantar o público, quando as pessoas se submetem às formas mais diretas de violência, esses momentos em geral ocorrem com os lutadores em pé. Se eles estão no chão, o que vemos é um emaranhado de carne se enrolando aparentemente de modo aleatório. Mas se você for um dos dois que se emaranham, é possível entender a complexidade sufocante de um jogo de chão.

O quadril, por exemplo, desempenha um papel importante. Acácio se posiciona sobre mim, minhas pernas cruzadas em volta de seu tronco. Ele está me socando (ou finge me socar) e minha função, diz o treinador Magno Wilson, é finalizá-lo, mesmo estando por baixo. Missão impossível: Acácio é um Hércules, e eu praticamente uma barata tentando escapar da sola de seu pé. Mas, quando ele minimiza a força que imprime sobre mim, eu consigo segurar um de seus braços, projetar uma de minhas pernas sobre seu pescoço e, forçando as costas sobre o pescoço dele, esticar seu braço até um ponto em que a dor ficará insuportável.

O movimento dos braços, das pernas, a projeção do tronco dele sobre o meu limitando meu raio de ação, os socos que ele dá na minha barriga me tirando o ar, isso todo mundo consegue ver. O que ninguém vê, o que só nós dois percebemos, é a sutil dança do quadril. Se estou por baixo bombardeado por socos na cabeça e no peito, cotoveladas nos olhos que me impedem de enxergar, só existe um jeito de conseguir me livrar de mais sofrimento: mexendo o quadril para o lugar certo. Então, a um sinal de Magno, eu movo o quadril, Acácio concede – uma pequena indulgência de sua parte – e então meu corpo encontra um respiro, uma passagem, minha perna sobe, o braço dele desce preso embaixo do meu, e de repente, num calculado movimento de alavanca, aquele gigante de mais de cem quilos está subjugado.

Ele bate na minha perna, e começamos tudo de novo.

"As coisas podem ser muito sutis ali no chão", me explica Magno. Ou não.

Vou ao encontro de Marcio Telles. Eu o lembro do meu pedido para pegar leve. Tento repetir o mesmo golpe que apliquei em Acácio. Ele aplica um contragolpe. Gira o corpo de um modo que eu não entendi até hoje e de repente eu estou por cima dele, mas completamente dominado, e antes que eu possa raciocinar sobre aquela posição já estamos rodando de novo, o meu braço completamente travado e esticado pelas mãos de Marcio Telles, o corpo dele jogado com força sobre meus ombros, meu rosto espremido contra o tatame – num golpe final, ele empurra minhas costas com as pernas e meu braço chega no limite do aceitável.

"Aahhhhh", eu grito. E Marcio Telles me solta. "Ô, vai com calma aí, Telles", diz Magno Wilson. "Mas eu fui com calma", ele responde. "Não fui?" Sim, claro, eu é que fiquei com medo. Quem sou eu para contrariar esse cara? Mas aí voltamos ao tatame e de repente ele me levanta como se carregasse um bichinho de pelúcia e me atira de volta ao chão como se esse bichinho de pelúcia jamais pudesse se partir ao meio, mas tudo bem, claro. A cada finalização que sofro nos cumprimentamos, é do jogo, é normal. Marcio Telles é um cara tão legal que ele está sempre sorrindo para você, mesmo quando está quase quebrando seu braço. Ainda tive outros dois parceiros de treino: Natália, namorada de Magno, que pesa 25 quilos menos do que eu (e mesmo assim eu não consegui finalizá-la), e Roberval. Roberval e eu temos mais ou menos o mesmo porte, e com ele eu consegui medir melhor minhas forças.

Terminado o treino, Acácio se aproximou e, apesar de meu desempenho sofrível, elogiou meus movimentos – o que tem tudo a ver com ele. Eu podia ter vomitado no tatame que ainda assim ele me elogiaria. Ele não sabia quando seria sua próxima luta, mas voltar a treinar o fazia se sentir bem. No dia seguinte, o treino seria mais intenso, exclusivo para profissionais e atletas experientes.

Marcio Telles e Acácio eram os mais pesados e experientes da equipe. Treinando juntos, eles desenvolveram suas habilidades e se tornaram atletas de ponta. Naquela academia modesta, ao longo dos treinos duros em que trocavam socos, chutes, suor e às vezes sangue, eles também forjaram uma amizade sólida. Acácio ainda não sabia quando voltaria ao octógono, mas Marcio sim. Em algumas semanas ele entraria na fase mais aguda do treinamento, a dieta, a desidratação, a luta antes da luta, e Acácio, como sempre, estaria ao lado dele.

21.

O carpinteiro James Marshall trabalhava na construção de uma serraria quando algo no leito de um pequeno braço de rio refletiu o sol da Califórnia, chamando a sua atenção. É ouro, ele pensou, conforme lembraria depois. Não pode ser, ouviu de volta de um dos funcionários da fazenda.

Mas de fato era. Mesmo em 1848 a notícia se espalhou rápido. Em 1849, milhares de pessoas do mundo todo, de Nova York à China, da Europa ao Brasil, correram àquela região para escavar as montanhas atrás do metal dourado. Conhecidos como *forty-nines* por causa do ano em que chegaram à Califórnia, esses desbravadores largaram tudo para viver de baldes, pás e enxadas, fascinados com a chance mínima de ficar milionários. Mas a vida nas minas não era fácil. Para começar, eles não tinham nem roupa apropriada para o serviço. Foi então que a necessidade engendrou uma revolução. Levi Strauss, um imigrante bávaro que vendia de tudo na corrida do ouro, acendeu a faísca. Quando os mineiros apareceram em seu negócio com suas vestes rotas à procura de algo mais resistente, Levi Strauss foi atrás de um alfaiate e voltou de lá com uma peça que mudaria a cara – e as pernas – da civilização ocidental: a calça jeans. O material podia não ser superconfortável, mas resistia às intempéries da mineração – e vendeu como sorvete no deserto. Com o tempo a tecnologia se aperfeiçoou e a calça jeans ganhou botões de cobre nos bolsos, passante para cinto e zíper.

Ganhou também um lugar no imaginário popular. Não tardou a virar símbolo de uma geração e depois de várias. Usaram calças jeans os trabalhadores que reconstruíram os Estados Unidos após a grande depressão e os cowboys, os soldados na Segunda Guerra Mundial e James Dean, Marilyn Monroe e Elvis Presley, os Beatles e os hippies, os Ramones e Britney Spears, e também Mohamed Nazih Said, que está parado às seis e pouco da noite na esquina de uma rua pouco movimentada no Brás, o bairro das confecções em São Paulo. Seu jeans desbotado tem rasgos meticulosamente talhados em cima das coxas e ao redor dos joelhos. Depois de trabalhar desde as sete da manhã numa fábrica de calças jeans, ele se prepara para a parte mais excruciante do dia.

Comerciantes abaixam as portas de metal, carregadores transportam os últimos fardos de tecido do dia, funcionários caminham em grupinhos até a estação de trem enquanto Mohamed aperta o passo na calçada estreita. Além da calça jeans, veste camiseta e um moletom grosso. Nas costas, uma enorme mochila com material de treino e de trabalho.

"Meu objetivo agora é fazer nome e conseguir uma luta internacional", ele me conta enquanto nos dirigimos à estação. Filho de um libanês fugido da guerra e uma paraguaia, ele nasceu em Assunção e veio ao Brasil aos dezesseis anos para ganhar a vida. O sotaque denuncia um castelhano sutil, e ele tem dificuldade em reproduzir vogais anasaladas e consoantes mudas, que em sua pronúncia desaparecem totalmente: "meu *ojetivo*", diz ele. "A luta é *sicológica.*"

Foi para fazer nome como lutador de ponta que Mohamed tomou a decisão de mudar de categoria. Em suas quatro lutas como amador ele bateu 57 quilos, a categoria mais baixa do UFC. Daqui a dois dias ele lutará pela primeira vez na categoria até 52 quilos, numa tentativa de sobressair e um dia participar de torneios asiáticos, com atletas menores. O peso normal de

Mohamed, que mede 1,69 metro, é 63 quilos; para perder onze deles, ele começou uma dieta bastante restritiva.

Naquela quarta-feira, de café da manhã ele havia tomado 200 mililitros de chá de camomila e comido uma torrada seca. Mastigou bem devagar, tentando compensar a escassez. Almoçou três cabeças de brócolis e nada mais. Fazia dieta havia dez dias e tinha chegado perto dos 55 quilos. Às quatro da tarde tomou água pela última vez, na expectativa de que até a tarde do dia seguinte, quando os atletas se pesariam num hotel da Zona Oeste, seu corpo secasse os três quilos que ainda faltavam.

Tinha sido um dia duro, Mohamed admitiu. Sem energia e com sede, estava de mau humor. Os colegas da fábrica onde ele trabalha cortando 1600 calças jeans por dia e ganhando 1300 reais por mês não costumam entender tanto sacrifício, a ponto de pôr a saúde em risco.

Quando o trem chega, ele se posiciona ao lado da porta e eu tento ficar de frente para ele. Uma mulher pequena se interpõe entre nós e uma outra se aproxima dela, com o rosto sorridente. O lutador vai me contando sua trajetória. A voz baixa se confunde com o burburinho do vagão e os ruídos do trem sobre os trilhos.

Antes de treinar na Guarulhos Fight Team e dividir o tatame com Magno, Acácio e Jéssica, ele era um atleta da Ryan Gracie Iguatemi, uma equipe do Jardim Iguatemi, em São Mateus, na Zona Leste de São Paulo. Saiu de lá após um desentendimento com seu mestre, um faixa preta que treinara com um aluno de Ryan Gracie.

"O Ryan é filho ou neto do Hélio?", perguntei, me referindo a um dos patriarcas do jiu-jítsu brasileiro. Mohamed não sabia. É difícil saber quem é quem quando se pensa na árvore genealógica dos Gracie. Hélio teve nove filhos, todos batizados com nomes com R. E esses filhos tiveram outros filhos, aos quais também deram nomes exóticos. Poucas famílias superam os

Gracie em matéria de criatividade onomástica – Hélio tem filhos, sobrinhos, primos, netos e sobrinhos-netos chamados Royce, Rorion, Rickson, Rockson, Rolls, Renzo, Rolker, Ryron, Relson, Rhalan e Reylan. Quem seria Ryan?

"É neto", disse a mulher sorridente entre nós. Ela parecia ter certeza. "Sei porque tenho um filho que chama Ryan por causa dele." Na verdade, Ryan é neto de Carlos Gracie e, portanto, sobrinho-neto de Hélio.

O mundo em que as crianças são batizadas com nomes de cantores sertanejos, artistas de tevê ou jogadores de futebol hoje também homenageia lutadores de MMA. A mulher que falou conosco, Gisele, decidiu, junto com o marido, que também luta jiu-jítsu, dar ao filho o nome do homem que entrou na história das artes marciais como "O Gracie Bad Boy".

A história de Ryan foi uma das maiores tragédias que a família já enfrentou. Após aprender os segredos da luta passados a todos os Gracie, ele se envolveu em brigas e foi acusado de tentativa de homicídio; acabou preso quando, aparentemente num surto psicótico, roubou um carro em São Paulo. Morreu na prisão aos 33 anos, talvez vítima de overdose. Mas antes disso ele havia feito sete lutas no Pride, o torneio japonês que já foi o mais importante do mundo, e vencera cinco, além de colecionar medalhas e troféus em campeonatos de jiu-jítsu no Brasil e fora dele.

Quando Gisele descobriu que seria mãe de dois meninos, escolheu Ryan como o nome de um deles; o outro foi batizado de Vitor, em homenagem a Vitor Belfort. Os gêmeos começaram a frequentar tatames assim que aprenderam a andar. No vagão lotado, Gisele puxa o celular e nos mostra fotos dos meninos treinando ao lado de lutadores da cidade.

Expliquei que Mohamed estava em início de carreira e se preparava para um confronto dali a dois dias. O lutador disse que o combate seria num ginásio do Ibirapuera e também seria transmitido ao vivo. As duas pareceram se impressionar, e Gisele adicionou Mohamed no Facebook. "Boa sorte na luta", ela disse quando desembarcamos. "Não esquece de me aceitar."

"Que mundo pequeno", exclamou o lutador. Entrou no banheiro da estação para trocar de roupa. Há um ano ele faz todo dia o mesmo percurso, do trabalho no Brás à academia em Guarulhos. Ao descer do trem, percorre os cerca de cinco quilômetros até a academia correndo. Quando Muhammad Ali estava se preparando para enfrentar George Foreman no Zaire, naquela que se tornaria a maior luta da história do boxe, o jornalista Norman Mailer pediu para acompanhar o lutador em uma de suas corridas matinais. Depois de uma noite animada num cassino, antes do amanhecer Mailer deixou seu hotel em trajes esportivos para correr ao lado do campeão. Só conseguiu acompanhá-lo por dois quilômetros antes que uma mistura de sopa de peixe, filé apimentado, rum, água tônica, vodca, suco de laranja e sorvete começasse a dar sinais de alerta em seu estômago. Quando Ali sumiu na escuridão da planície africana, Mailer se viu sozinho e de repente ouviu o rugido de um leão. A história está contada no clássico *A luta*.

Eu não sou Norman Mailer, Mohamed Said não é Muhammad Ali, e em São Paulo não se tem notícia de leões rugindo, mas mesmo assim fui acompanhá-lo em sua corrida diária.

22.

De bermuda, tênis e agasalho esportivo, eu tinha me preparado para enfrentar o frio do inverno paulistano. Mohamed sai do banheiro da estação vestindo uma touca inca para protegê-lo do vento. Corrida de rua não é uma realidade totalmente nova para mim, mas para ele haverá uma complicação adicional: a mochila pesadíssima, cheia de coisas de que ele precisará logo mais, atrapalhará sua performance e não há muito o que fazer sobre isso. Descemos a escada da estação e ganhamos a calçada de uma avenida movimentada. Enquanto corremos, carros e ônibus passam rente, jogando luz, vento e poluição direto na nossa cara. Atravessamos pontes e viadutos, cruzamos avenidas e semáforos, desviamos de galhos de árvores, buracos no asfalto e outros pedestres vindos na contramão. Uma mulher passa de carro e grita "Isso aí, continua correndo que tá gostoso!". Não sei se para mim ou para ele. Provavelmente para ele.

Com as laterais da cabeça raspadas rentes ao crânio, o cabelo negro de Mohamed cai sobre a testa; seu cavanhaque e bigodes ralos, os olhos que se fecham e brilham a cada sorriso (e os sorrisos no caso dele são recorrentes) lhe dão um ar de cafajeste ingênuo. O corpo moldado no tatame, os músculos bem delineados sob a pele amarela, chamam a atenção das garotas. Quase todos os lutadores têm apelidos, e o de Mohamed é "The Beautiful Boy", "O Garoto Bonito". Ele não gosta.

A corrida está difícil para ele, seja pela mochila, seja pela fome e pela sede, mas ainda assim ele se deixa entrevistar.

Corre dizendo que o trabalho como operário da confecção é apenas uma forma de se manter em São Paulo, a cidade que escolheu para morar ainda adolescente. Em breve ele gostaria de ter uma carreira internacional. Já trabalhou em supermercados e como ajudante de empreendimentos diversos. Deixou a casa do irmão, no Itaim Paulista, onde vivia de favor, e agora paga aluguel. A mãe mora no Paraguai; o pai, no Líbano. Seu pai esqueceu o pouco português que havia aprendido, e como Mohamed não fala árabe as conversas com o *baba* terminam sempre em gargalhadas e confusão.

Tanto a mãe como o pai a princípio estranharam, mas depois apoiaram sua decisão de se dedicar às lutas. O Thunder Fight de sexta será uma chance de melhorar seu currículo e aparecer no circuito. No Brasil, há poucos lutadores até 52 quilos. Se vencer o combate, ele poderá se credenciar como um nome a ser observado na categoria dos pesos palha. Mas depois de adulto ele nunca pesou tão pouco. "Bater o peso", ele diz, "é uma forma de mostrar respeito ao esporte e ao adversário."

Quando chegamos à academia, encontramos Magno na entrada recepcionando os alunos. Subimos dois lances de escada até o tatame onde a equipe treina. Na sala ao lado, uma turma de mulheres faz uma aula de dança. Acácio se aquece atrás do octógono. Mohamed entra no vestiário para se trocar. Com o mesmo jeito sereno de sempre, Acácio me cumprimenta e dá notícias de Jéssica, que acaba de entrar no oitavo mês de gravidez. Eles compraram livros do Mickey e do Pateta e providenciaram roupinhas de super-heróis, enfeitaram o quarto de Thomaz e adotaram uma vira-lata chamada Meg, que chora no quintal suplicando para dormir com os donos. Acácio tem uma luta marcada para dali a um mês e meio, mas depois de três combates cancelados já não deposita suas esperanças em mais essa promessa.

Os atletas chegam aos poucos, pisando no tatame com respeitosa reverência. Caio, o adolescente que redescobriu a vida após entrar na equipe; Natália, que atuava em torneios como *ring girl* antes de namorar Magno e virar lutadora; Raul, que já luta profissionalmente e foi companheiro de Mohamed em outra equipe; Wenderson, que está voltando ao tatame depois de muito tempo parado; e Marcio Telles, que concilia a carreira de lutador com a de enfermeiro – trabalha em dois hospitais. Os quatro primeiros ocupam metade do tatame e, sob o comando de Raul, o decano, se revezam em movimentos de luta. Telles e Acácio, os dois gigantes que registram três dígitos na balança, vão treinar movimentos de agarre no octógono.

Entre os dois grupos, Mohamed se prepara para o aquecimento. Único a lutar no evento de sexta, receberá atenção especial do treinador. O paraguaio se dirige à balança antes de começar: 55,5 quilos. No dia seguinte, à uma da tarde, ele deverá pesar 52,7 quilos, contando com a tolerância da categoria. Precisa desidratar 2,8 quilos nas próximas horas, e para tanto será preciso ferver por dentro.

O lutador já não toma mais água desde o meio da tarde. Agora veste duas camisetas de algodão e uma de poliéster pesado de dupla camada, um moletom, uma calça de algodão e uma touca. Para proteger os dedos e os pulsos, enrola uma bandagem vermelha nas mãos e só depois calça as luvas. Amarra caneleiras nas pernas. Posiciona-se no centro do tatame para a "sombra", o aquecimento que os lutadores fazem dando socos no vazio. Um vento fino entre pela janela e ele vai fechá-la. "Para suar mais", explica.

Magno se aproxima. Ele vê em Mohamed um potencial imenso. Com as mãos nuas, finge agredir o rapaz e espera que ele desvie e contra-ataque. Um celular no chão conta o tempo de cada round. Quando o alarme soa anunciando o fim da série, Mohamed senta no chão e Magno joga sobre ele um quimono e uma toalha. Posiciona uma bola de fisioterapia para o lutador apoiar as costas, já que a parede da academia está ligeiramente mais fria – a diferença de temperatura é quase inexistente, mas o processo de desidratação de um lutador é tão pautado por minúcias que parece pensado por alguém que sofre de TOC.

Magno sabe que Mohamed ainda tem uma boa estrada para chegar lá. "Olha o lábio dele", diz o treinador. "Ainda está com cor, ainda está hidratado." Mas o lutador está com sede. Em alguns intervalos, Magno lhe oferece uma colher de chá, ou dois dedos de água. "Não engole", diz Magno, e o aluno obediente faz apenas um bochecho, um gargarejo, e cospe num copo de plástico.

O treino está duro para Mohamed. A cada soco, a cada chute, ele solta um gemido, e um pouco da sua resistência evapora. A cada pausa para descanso ele franze o cenho, e os contornos angulosos de seu rosto se embaralham. A noite está apenas começando. "Está suando?", pergunta Magno. "Tô", responde Mohamed, a voz fraca abafada pelo hip-hop cristão que explode na caixa de som.

O treino acaba. Ele sobe na balança. Em duas horas, perdeu quinhentos gramas. Faltam outros dois mil e trezentos. Acácio, Telles, Raul e o próprio Mohamed se reúnem com o técnico para determinar como proceder. Magno pensa que diuréticos o farão urinar tudo o que falta. Raul discorda: como o rapaz nunca desidratou com diurético, não se sabe como seu corpo vai reagir.

Melhor amigo de Mohamed, Raul o conhece desde os tempos de Ryan Gracie. Depois de perder as quatro primeiras lutas, Mohamed se desentendeu com o antigo mestre e deixou a equipe. Foi chamado de creonte, de traidor, por quem ele considerava camarada. Sua relação com os antigos companheiros nunca mais foi a mesma. O único que jamais o abandonou foi Raul, que também deixou a equipe.

Nesse mesmo tatame os dois começaram a vislumbrar um novo caminho. Sob a orientação de Magno e com o apoio incondicional de Raul, Mohamed venceu a primeira luta e voltou a sonhar. Raul tem 26 anos, cinco a mais que Mohamed. "Somos irmãos de tatame", ele diz.

Agora, como um irmão mais velho, é Raul quem decide como será a noite do caçula. Ele acredita que o melhor caminho é proceder como já estão acostumados: levar Mohamed a um motel e fazê-lo suar numa banheira de água quente. Foi justamente nessa circunstância que eu o conheci, ele suando junto com Acácio na banheira de um motel. Naquela ocasião, o paraguaio tinha conseguido bater o peso com relativa facilidade. Mas agora precisava perder muito mais.

Raul não conseguiria passar a madrugada com ele, tampouco Magno, porque ambos tinham compromissos importantes no dia seguinte. Mas Acácio, de folga do serviço, ficaria ao lado dele. O plano foi rapidamente traçado, se bem que Magno relutasse em dar seu aval. Raul, Acácio e Mohamed preferiam a banheira ao diurético. Depois de um breve debate, Magno democraticamente concordou – no dia seguinte, ele resumiria essa decisão com uma frase ríspida: "Democracia é uma merda mesmo".

23.

No meio da madrugada fria e deserta de Guarulhos, Acácio embica seu Celta branco no portão do motel. Para, baixa o vidro da janela e ouve um boa-noite feminino vindo do lado de lá. A voz pergunta que tipo de suíte ele quer. Uma com hidromassagem. "Esmeralda ou diamante?", a voz pergunta. "Qual a diferença?" A diferença está impressa no portão: suítes esmeralda são mais baratas. É uma dessas que ele quer.

"Documentos, por favor", pede a voz, que então abre uma gaveta que nos é oferecida. Acácio deposita sua carteira de motorista e meu RG. Somos apenas nós dois. Eu estou ao lado dele, e o banco de trás do Celta acomoda uma balança antropométrica. "Suíte 26", diz a voz, e, como se isso fosse uma palavra com propriedades mágicas, o portão se abre nos dando acesso a um mundo de diversão adulta. O carro desliza, Acácio olha para os dois lados. "Suíte 26, onde está você?", ele diz.

Encontramos. Ele vira o carro à direita e estaciona na garagem. Desce, aperta o botão para fechar o portão e, protegido pela semiobscuridade da garagem, caminha até a traseira do Celta. Aperta outro botão. A tampa do porta-malas abre. Uma figura pálida e cansada sai de lá e caminha em direção aos dois lances de escada que levam ao quarto. Com muito cuidado Acácio retira do carro a balança. Trazer Mohamed clandestino ao motel, contorcido naquele espaço exíguo, tinha sido uma estratégia já adotada em outras ocasiões – eficiente, sim, mas um tanto ridícula. E a mim cabia parte dessa culpa.

Da primeira vez que acompanhei uma desidratação da equipe, o motel tinha autorizado a entrada de cinco pessoas na suíte. Depois que a reportagem saiu, a gerência, julgando-a uma publicidade negativa, proibiu que se repetisse o procedimento. A equipe procurou outros estabelecimentos; nenhum permitia a entrada de mais de duas pessoas por suíte, por isso eles sempre precisavam esconder um ou outro lutador no porta-malas.

Mas isso era ok. O problema era quando eles não dispunham de carro: pior do que entrar num motel com um colega de trabalho com quem você não pretende fazer sexo é entrar num motel com um colega de trabalho com quem você não pretende fazer sexo e a pé. Acácio já tinha passado por isso. Ao desidratar em dupla com um lutador chamado Mamute, os dois saíram do quarto num estado deplorável, depois de uma noite de dor e sofrimento, e tiveram de encarar olhares divertidos da atendente na recepção. "Ela ainda nos deu um bombom", ele contou.

Em uma situação normal, Acácio e Mohamed teriam conseguido entrar no motel sem que um deles precisasse se esconder. Mas, como eu também me hospedaria, acabei obrigando os atletas a um comportamento de moleque, para constrangimento geral.

Dentro do quarto, uma suíte padrão de motel barato – espelho no teto sobre a cama, banheira cercada de vidro temperado, televisão de tela plana e, sobre o criado-mudo, um cardápio de vibradores e fantasias eróticas –, Mohamed vai direto ao aparelho de ar-condicionado para ajustar no máximo. De ar quente. Acácio inspeciona a banheira e a temperatura da água. Começam a planejar a noite, que tem tudo para ser longa.

E então o telefone toca.

Acácio atende. É da recepção. "Nós vimos a moça saindo do carro", alguém lhe diz. "Ou vocês pagam uma diária a mais ou vamos ter que convidá-los a se retirar." Acácio se explica.

Ou pelo menos tenta. "Não é uma moça, é um lutador e nós viemos perder peso na banheira." Bem, e daí? Eles estão vindo.

Alguma câmera escondida tinha delatado nosso expediente clandestino. Um casal de funcionários aparece na porta com cara de adultos prontos para dar uma bronca em adolescentes espertinhos, com certo enfado de quem tem mais o que fazer do que ficar explicando as regras de funcionamento de um motel. A moça saca uma máquina de cartão de crédito e débito, o homem cruza os braços ao lado dela. "Tem que pagar agora", ela diz. "Nossa política é essa: mais uma pessoa, tem que pagar duas diárias, não interessa o que vocês vão fazer."

Peço desculpas, não sabíamos, é culpa minha. E passo o cartão. Acácio, em silêncio o tempo todo, disfarça o constrangimento. (Mais tarde ele descreverá essa situação como "um vexame".) O sinal está fraco, a máquina não aceita o pagamento, pixels pretos no monitor digital piscam sem parar, levando informações criptografadas pela noite e voltando sem resposta, estendendo por alguns séculos aquele silêncio desconfortável. O homem enfim abre a boca: "É para a própria segurança de vocês, imagina se acontece alguma coisa, explode alguma coisa. Como vamos pagar indenização para três pessoas se são apenas duas, se uma entrou clandestina?".

Eu aquiesço com a cabeça. O sinal chega. As diárias são debitadas. De volta ao quarto, à medida que o constrangimento de Acácio retrocede, o sofrimento de Mohamed se manifesta.

Desde o fim do treino até chegar ao motel, ele tinha conseguido cochilar por algumas horas na casa de Acácio. Às cinco da manhã, ele se pesa: 54,3 quilo – desde o treino já perdeu setecentos gramas, queimados por seu metabolismo acelerado. Ainda faltam 1,6 quilo. Ele toma uma ducha. Acácio enche a banheira. Água quente. Muito quente. Nuvens de fumaça se desprendem. Só de cueca, Mohamed se aproxima. Ele ficará dez minutos para começar a suar. Põe um pé na água, depois o outro.

"Tá quente pra caralho", ele diz, mas submerge mesmo assim. "É só o primeiro choque, relaxa", diz Acácio.

É como se ele estivesse dentro de uma panela em cocção. Sua pele começa a ruborizar, ele mexe as mãos estalando um dedo no outro como se isso pudesse distraí-lo da quentura. Geme. Aperta os olhos. Sibila para afastar o pensamento do calor. "Tá muito quente, mano. Não é melhor abaixar?"

Acácio diz que não, e Mohamed bate na borda da banheira, pequenos tapas que não alteram em nada o estado de coisas. A fumaça toma conta do quarto. "Tá formigando tudo", ele avisa.

Por um momento ele perde a sensibilidade das pernas e dos braços. "Faltam mais quatro minutos", avisa Acácio. "Calma que tá acabando." Os dedos da mão de Mohamed se mexem de um jeito não natural e então param, e ficam imóveis, tensos como gravetos inquebráveis, como se estivessem congelados, embora o lutador esteja derretendo. "É câimbra", diz Acácio. "É normal."

Passados os dez primeiros minutos, Mohamed sai da água e Acácio o seca. São apenas alguns minutos de alívio. Mohamed encosta nos braços e nas pernas de Acácio, como a mostrar o quão quente ele está, como a tentar transferir um pouco daquele calor, mas logo volta a ferver na banheira.

São dez rounds de três minutos na água e dois fora. A água jamais arrefece. Com o tempo, o corpo de Mohamed se habitua ao sofrimento e ele pensa que nada dura para sempre. Imagens de um filme de guerra, seu filme de guerra preferido, lhe passam pela mente, e ele diz, meio refletindo, meio delirando: "Até o último homem, vamos até o último homem!".

Agora Mohamed já está suando muito, a banheira borbulha em volta de seu corpo submerso. O silêncio o incomoda. "Põe um som aí", ele pede. Eu ligo o rádio e as caixas de som do quarto tocam um popular *reggaeton*, a batida animada e dançante a quebrar a tensão do cozimento: "Eu quero estar contigo/ Viver contigo/ Dançar contigo/ Ter contigo / Uma noite louca".

O dia amanhece, ele seca o corpo e espera esfriar. Com o cabelo ainda molhado, sobe na balança: ainda seiscentos gramas acima da meta. Acácio avisa que ele vai precisar passar por mais uma série na banheira. Mohamed pensa, reflete, mas não tem alternativa. Mais tarde, quando fizer um balanço da experiência, vai classificar a sensação de entrar de novo naquela banheira como a pior de todas.

Seu corpo frio, em contato com a água fervendo, toma um choque. Ele dá um salto como se a água tivesse se transformado em ácido. Acácio o agarra pela cintura e o submerge. "Eu não aguento, mano, não vou ficar, tá muito quente", ele diz. E suplica para sair, mas Acácio está irredutível: "Eu já passei por isso, sei como é, mas você *tem* que ficar aí, você não pode desistir agora".

Mohamed sabe, mas não consegue. Ele pula da banheira, tentando escapar dos braços de Acácio, que o impedem de sair. Colocado ali à força, ele abre os braços e as pernas e se apoia na borda para evitar o contato com a água. Acácio força o corpo dele. "Aos poucos, devagar, por favor", diz Mohamed. Arrependido de ter se deixado esfriar, fica muito perto de desistir, o que já teria feito se Acácio não estivesse ali. E de repente ele se cala, para de se debater e se deixa submergir. Acácio mede seus batimentos cardíacos e o tranquiliza. Sereno, ele sua. E sua mais.

Passados alguns minutos, Mohamed levanta e se pesa: 53 quilos. Só faltam trezentos gramas. São 7h35 da manhã. Decidem não fazer mais nada, na esperança de que o excedente evapore naturalmente até a uma da tarde, na pesagem oficial. Recolhem as coisas, se agasalham e entram no carro – Mohamed estendido no banco de trás, dividindo espaço com a balança. A mesma balança será usada na pesagem dos outros atletas do torneio, função que ficará a cargo de Magno Wilson. Além de treinador da equipe, ele é um dos organizadores do Thunder Fight.

24.

Acácio nos levou até sua casa. Mohamed dormiu no futuro quarto de Thomaz. Fiquei na sala e tirei um cochilo no sofá ao lado de Meg, que abanava o rabo empolgada com a súbita movimentação de gente nova. Às dez e pouco, Acácio nos acordou. Levamos umas duas horas para chegar ao hotel onde os lutadores se reuniriam para mostrar o resultado dos sacrifícios da véspera. No caminho, pegamos Raul, todo animado e com uma câmera presa na testa. "Como foi ontem?", ele perguntou. "Eu fiquei que nem um gato, mano!", respondeu Mohamed. "Foi horrível."

Passamos por bairros onde condomínios de fachadas suntuosas se impunham como fortalezas inexpugnáveis em ruas arborizadas, uma realidade em tudo diferente da deles. "Só casa de bacana", notou Acácio. No hotel, os lutadores e suas equipes, a organização do evento e a imprensa se espremem numa sala de reuniões pequena e lotada. Equipes rivais se provocam, Magno se esforça para aplacar a balbúrdia. Quando ouve seu nome, Mohamed abre espaço no meio da confusão. Fica de cueca e sobe na balança, os olhos fixos nos medidores. Magno os equilibra.

Algo parece errado. Magno pede para ele descer e subir de novo. E de novo. Pede para ele tirar a cueca. Mohamed sobe mais uma vez na balança. Enquanto isso, um homem negro, de músculos torneados e olhar agressivo, se aproxima e aponta outro lutador que está ali perto, parado em silêncio com o rosto coberto com uma touca ninja. Os dois pitbulls ficam se encarando e precisam ser contidos.

Alheio a isso, Magno mira a balança outra vez. Mohamed se dá conta de que algo está errado. Quando seu treinador abre a boca para anunciar o peso aferido, sua expressão traduz um misto de vergonha, frustração e medo.

"Cinquenta e três quilos", diz o sensei. Apesar de ter sido cozido vivo durante a madrugada, Mohamed ainda ficou trezentos gramas acima da tolerância da categoria. Quando um lutador profissional falha na pesagem, ele em geral é multado e perde parte da bolsa, que vai para o adversário. Se for uma luta entre amadores, como é o caso, quem não bate o peso pode perder pontos ou mesmo ser desclassificado, se o adversário não aceitar se bater com alguém que não cumpriu as regras. Pelos próximos segundos, o futuro de Mohamed estará nas mãos de seu oponente.

Trata-se de um homem de 35 anos, de compleição pequena, orelhas que se projetam salientes e olhar ligeiramente assustado ou vigilante. Eles já haviam lutado uma vez, e Mohamed havia perdido, de modo que a luta seria uma revanche para ele. Mas o adversário já havia se pesado e também ficara um pouco acima da tolerância da categoria: 52,8 quilos, cem gramas além do limite. Naquele momento, portanto, estava duzentos gramas mais leve que o paraguaio. Mas Raul se aproximou do técnico rival e os dois rapidamente decidiram que aquela diferença era irrelevante. "Vamos pra luta", ele disse. E assim foram. Os adversários se cumprimentaram duas vezes depois das fotos. Mohamed soube que não havia sido o único a sofrer para bater o peso. "Nunca mais luto nessa categoria", disse o adversário. Mohamed foi se reidratar, aliviado, embora visivelmente frustrado com o resultado da dieta e da desidratação.

Mas a pesagem do Thunder Fight ainda não tinha acabado. Em duplas, os lutadores cumpriam o ritual de sempre: subida na balança, pose para foto em posição agressiva, e garrafas de água ou refrigerante viradas sem comedimento sobre a garganta seca. Alguns começavam a comer macarrão ali mesmo.

E aqueles dois pitbulls que se estranharam enquanto Mohamed se pesava ainda diriam a que vieram. Às vezes o MMA parece uma simples dramaturgia, na qual os personagens se digladiam em duelos odiosos sobre o palco, mas na coxia se refestelam satisfeitos com a reação que causaram no público. Só que às vezes o teatro pega fogo e todos correm desesperados, e você não sabe se deve tentar salvar a vida ou se o incêndio é só uma reviravolta preguiçosa do roteiro.

Paulista de Taboão da Serra, Flávio Álvaro foi até a última fronteira do MMA e voltou para contar. Fez seu nome como o rei do Rio Heroes, um torneio controverso que acabou proibido. Dois homens se enfrentavam sem luvas nem regras, e sobretudo nenhum senso de preservação da espécie. Longe de ringues ou octógonos, cercados por outros lutadores, eles se agrediam até um deles desistir ou apagar. Era uma espécie de Clube da Luta, só que real, transmitido pela internet, sob o sistema de *pay-per-view*. Flávio foi campeão e ganhou dinheiro. Criticado por quem julgava esse tipo de luta nefasta ao MMA, que tentava se vender como um esporte sério, ele sempre alegava que precisava pagar as contas e comprar remédio para a mãe doente. Com 59 lutas oficiais no cartel, o "Legendary" chegou à pesagem do Thunder Fight ameaçando o adversário.

Maurício Facção, que ficou o tempo todo de touca ninja, só mostrando os olhos apertados, também tinha um nome a zelar. Dono de cinturões importantes de torneios brasileiros, em entrevistas recentes afirmara que ia dar "uma surra no velhote" – o outro era apenas quatro anos mais velho que ele. Facção era conhecido por promover o que se chama de *trash talking*, a arte de provocar os adversários via imprensa ou redes sociais. Na preparação para a luta, publicou um vídeo tecnotosco no qual aparecia segurando uma corrente em cuja ponta estava a cabeça de Flávio. Quando o Thunder Fight anunciou a luta, muitos fãs e especialistas não demoraram a dizer que era o combate mais aguardado do MMA nacional.

Mineiro de fala mole, Facção estava acostumado a sentar o verbo, mas a luta seria em São Paulo, terra de Flávio Álvaro. A pequena sala da pesagem ficou lotada de torcedores e amigos do Legendary. "Seu lixo", gritavam na orelha de Facção, que evitava responder. "Vou trazer minha mãe para bater em você, seu merda!"

Flávio Álvaro foi o primeiro a se pesar. Subiu nu na balança, enquanto Magno tentava ler o resultado. Foi o único momento na tarde em que houve silêncio. De onde eu estava, só conseguia ver o rosto do lutador, o olhar impassível mirando o nada, os braços cruzados nas costas, a postura ereta e militar. A luta seria em peso combinado, 68,5 quilos, uma marca intermediária entre categorias oficiais. Magno mais uma vez teve dificuldade em aferir o peso. Mais tarde, ele me contou que o lutador ficou o tempo todo se mexendo, movendo o corpo e os pés numa tentativa de ludibriar a aferição.

Primeiro, Magno anunciou que Flávio estava com setenta quilos, mas não tinha certeza. Fez outra tentativa. Na nova medição, o lutador já estava cinco quilos mais leve. Quando Magno anunciou os 65 quilos, muito abaixo do limite, a torcida fez a festa, comemorando o sucesso do atleta. Flávio ergueu o dedo do meio para o rival. "Seu arrombado", disse um torcedor colado em Facção. "Você vai morrer amanhã, seu lixo."

O mineiro protestou, inconformado com os cinco quilos de diferença entre uma pesagem e outra. "Vamos de novo", disse Magno. Mas antes que ele pudesse pedir qualquer coisa, Flávio se afastou, desatarraxou a tampa de uma garrafa de plástico e bebeu seu conteúdo rapidamente, boicotando qualquer pesagem. Facção, considerando o gesto uma tentativa de burlar as regras, recusava-se a subir na balança. Enquanto conversava com Magno, Flávio se aproximou pronto para dar o bote. "Vai tomar no olho do cu, seu cuzão", disparou. Um membro da organização precisou contê-lo.

Sob a máscara ninja, a voz do mineiro saía abafada, mas ele pareceu pedir um pouco mais de profissionalismo ao rival. "Profissional é o caralho", rebateu Flávio. "Sobe logo nessa balança!"

A cada manifestação do lutador, a torcida de Flávio irrompia em xingamentos e gritos de guerra. Aos poucos, diminuía a distância segura entre o homem e a turba. "Está peidando? Amarelando assim na cara dura?", disse um sujeito. A cada grito, um passo em direção ao atleta. O ambiente ficou tóxico, uma pequena fagulha causaria uma explosão. No meio do fogo cruzado, Magno tentava negociar uma saída diplomática.

Até que Flávio pediu licença e começou um discurso. "Eu saí de 88 quilos para essa luta. Hoje na Bodytech cheguei com 73 e só saí de lá com 68,5 que nem um homem. Eu nunca estourei uma pesagem, a não ser no dia que minha mãe morreu, que estourei duzentos gramas." E se dirigindo a Facção: "Aceita a luta. Amanhã você vai apanhar que nem uma mulher".

A torcida, mulheres inclusive, aplaudiu e gritou. Mas ainda tinha mais. "Sabe qual é o medo da puta?", perguntou Flávio Álvaro. "Que eu falei que se eu batesse 66 eu ia pegar ele de cotovelo. Amanhã eu vou lhe pegar de cotovelo", disse ele. "De cotovelo!"

Os dois se puseram frente a frente, e Magno rapidamente se meteu entre eles para evitar um confronto físico. Quando finalmente Facção se convenceu a subir na balança, Magno anunciou seu peso: 66,8 quilos. Sob insultos e ameaças de morte, ele encarou Flávio Álvaro e outra vez os dois estiveram perto de resolver no braço.

O público se dispersou aos poucos. Flávio saiu com a torcida, Facção continuou discutindo com Magno. Em algum momento, ele aceitou as condições para a luta, o que incluía uma compensação financeira, e voltou para seu quarto.

No dia seguinte, horas antes da luta, quando as funcionárias do hotel abriram o quarto para a arrumação diária, tiveram uma surpresa. Sem avisar ninguém, Maurício Facção tinha deixado o hotel e voltara para Belo Horizonte. A luta mais esperada do Brasil, de repente, estava cancelada.

Ao saber disso, Magno respirou fundo e pegou seu telefone. Os ingressos estavam vendidos, o torneio seria transmitido ao vivo na tevê. Se Maurício Facção dera no pé, era preciso encontrar alguém para enfrentar Flávio Álvaro, o Legendário.

25.

O Mané Garrincha, ginásio importante no bairro do Ibirapuera, com suas paredes brancas e frias, tem um quê de hospital. Clécio chega ao vestiário sob as arquibancadas, senta-se e mantém a espinha ereta, as pernas abertas encavaladas no banco. Seu treinador senta a sua frente do mesmo jeito, inspecionando e massageando suas mãos.

São mãos duras, rígidas e grossas, à primeira vista incapazes de movimentos delicados. Mãos de quem passou os primeiros anos de juventude agarrando galos pelos pés e pelas asas, incitando-os a brigar em rinhas sangrentas que se estendiam pelas tardes quentes do sertão baiano. Clécio olha para elas com atenção, aperta os ossos, sente as articulações e o movimento dos dedos, enquanto seu treinador as enrola em gaze – as mãos de um lutador são seu principal instrumento de trabalho.

Antes da luta, as mãos dos atletas recebem tratamento especial. Sob as luvas, um amontado de gaze e esparadrapo funciona como proteção; cada pedacinho de gaze é posicionado para proteger uma parte específica; cada volta de esparadrapo é feita de acordo com a anatomia de cada um. Só alguém que te conhece muito pode enfaixar suas mãos.

Um lutador que prefira trocar socos vai achar melhor uma bandagem mais densa, mais protetiva, do contrário qualquer sequência de golpes mais intensa pode acabar com suas mãos. Um lutador especializado em técnicas de agarre, por outro lado, vai preferir mais mobilidade nos dedos e, portanto, uma proteção mais frouxa, que lhe garanta liberdade de manuseio. Processo lento, delicado e de certa forma íntimo, a bandagem é também uma oportunidade de atleta e treinador se olharem nos olhos e repassarem as últimas orientações antes da entrada no octógono.

Com frequência é também a última chance do lutador para vencer o medo.

Tem lutador que treme, tem lutador que se fecha em silêncio, tem lutador que boceja e pensa que está com sono, mas na verdade o bocejo é seu coração acelerando as batidas e pedindo ao corpo mais oxigênio porque mais tarde pode faltar.

Mas nessa noite de sexta-feira, Clécio está estranhamente calmo. Seus olhos pequenos quase se fecham quando ele sorri, suas pálpebras já naturalmente recurvadas se inclinam ainda mais para baixo enquanto as bochechas sobem. Ele tem a constituição firme de um trabalhador braçal, a pele morena e o cabelo rente à cabeça. O maxilar grande contrai quando ele aperta os dentes, o nariz um pouco largo fica ainda mais largo quando ele respira fundo; a boca delicada e os lábios finos se movimentam na velocidade doce de sua prosódia levemente nordestina. Parado, ele parece aquelas cabeças antiquíssimas cravadas nas pedras vulcânicas da Ilha de Páscoa. Quando se mexe, quando sorri, quando fala sobre seu dia ou sobre seu passado na Bahia, Clécio transmite ingenuidade e simpatia, um jeito de primo do interior que não usa relógio.

Lindeclécio Oliveira Batista, nascido no povoado de Soares, no município de América Dourada (BA), cidade com quase dezessei mil habitantes, virou Clécio "Bruto" Batista no MMA de São Paulo, o que é estranho porque não parece haver pessoa menos bruta do que Clécio Bruto. "Acho que é mais pela vontade", ele me disse, quando comentei o paradoxo.

Aquele tinha sido um dia incomum. Vivendo em São Caetano do Sul, na região metropolitana de São Paulo, ele acordou às quatro da manhã para trabalhar. Normal. Foi de bicicleta à casa da mãe, onde um colega lhe daria uma carona até o serviço. Como sempre. No canteiro de obras, passou a manhã carregando latas de 25 quilos da massa corrida que seria aplicada no prédio em construção, em Osasco. Tudo bem, ele está acostumado com o trabalho no canteiro.

Depois do almoço, seu celular tocou.

Soube que Maurício Facção fugira para não enfrentar Flávio Álvaro, o Legendário. Flávio tinha quarenta lutas, treze centímetros e pelo menos quinze vezes mais fama que Clécio Bruto. Flávio tinha treinado duro nas últimas semanas, preparando-se para o combate mais aguardado do ano. Clécio havia se exercitado com as latas de massa acrílica. Flávio só tinha perdido dez das suas 59 lutas anteriores e fora campeão do lendário Rio Heroes; Clécio, aos 26 anos, tinha acumulado um cartel irregular de dez vitórias e nove derrotas.

Qualquer um que apostasse seu dinheiro em Clécio Bruto contra Flávio Álvaro seria considerado louco. E, no entanto, ao ser questionado se gostaria de enfrentar Flávio Álvaro naquela mesma noite, Clécio – como se tivessem perguntado se ele iria pedir pizza para o jantar – disse sim. "Só se for agora", ele disse, para ser exato.

Mas a luta não seria a primeira da noite. Protagonistas do principal combate de um evento transmitido pela tevê, Flávio e Clécio seriam os últimos a entrar no octógono. Enquanto os dois ainda faziam bandagem nas mãos, atletas amadores e profissionais se aqueciam em volta deles. A luta de Mohamed estava prevista para ser uma das primeiras.

No dia seguinte à pesagem, fui encontrar Mohamed na confecção em que ele disse que trabalhava, na Zona Leste. Queria conhecer o local e vislumbrar sua rotina fora do tatame. De lá seguiríamos para o ginásio, onde ele faria a nona luta da carreira.

Na recepção, circulava um punhado de funcionários. Havia jeans por todo o lado – em paredes, bancadas, cabides expostos perto dos pórticos de entrada. Acima do balcão onde uma secretária falava ao telefone, um quadro exibia uma frase em caligrafia árabe que ninguém ali saberia traduzir.

"Olá", eu disse. "Sou jornalista e vim falar com o Mohamed."

"Impossível", ela respondeu. "Ele está viajando, acho que no Líbano, não sei quando volta."

Eu devo ter dado um passo para trás.

"Não é possível", eu disse, sorrindo para amenizar o desconforto. "Acabei de falar com ele, ele sabe que estou vindo."

"Estranho", ela disse. "Já tem um tempo que ele viajou."

Até pensei que pudesse ser uma pegadinha, mas isso não combinava com o perfil de Mohamed. Cogitei ter entrado na confecção errada, mas eu o havia visto na calçada em frente dois dias antes. Estivera com ele no dia anterior, havíamos trocado mensagens pouco antes, ele iria lutar naquela mesma noite… Que mundo maluco era aquele em que Mohamed tinha pegado um avião para o Líbano, sem avisar? E ele havia me dito que não tinha dinheiro nem para ir ao Paraguai ver a mãe.

E então a secretária fez a pergunta que nos trouxe de volta ao mundo da razão: "Peraí, de qual Mohamed você está falando?". "Do que vai lutar hoje à noite, que trabalha aqui cortando calças." "Ahhhh… esse Mohamed", ela exclamou. "É que tem o patrão que também é Mohamed. E tem o Mohamed funcionário. Você está atrás do funcionário. Ninguém vem atrás do funcionário."

Ela abriu um sorriso, pegou o telefone e avisou ao Mohamed funcionário que eu estava ali. Depois pediu para eu subir. "É no terceiro andar", ela disse, apontando uma porta nos fundos. "Não temos elevador."

Subi os altos e estreitos lances de escada até o galpão onde Mohamed e um senhor mais velho encerravam o turno de serviço. Os dois estavam no fundo da sala, em uma das cabeceiras de uma enorme mesa; na outra cabeceira, abria-se um imenso rolo de jeans, à espera da tesoura. Já haviam concluído os cortes do dia e faziam a arrumação final. Na extremidade em que estavam, farelos de pão, um pote de margarina e fatias de frios denunciavam o lanche da tarde. Dúzias de rolos de jeans se encostavam nas paredes. Soube que alguns pesavam 45 quilos, outros mais. Todo dia Mohamed e seu colega posicionavam o formidável carretel em cima da mesa e, olhando figuras em um pedaço de papel, cortavam as tiras de tecido para formar uma perna, um cós ou a parte de trás do que depois viraria uma calça jeans. De lá, os cortes seguiriam para o Paraná, seriam costurados e trazidos de volta a São Paulo, quando seriam vendidos, apenas no atacado.

Depois de me explicar seu trabalho, Mohamed foi tomar banho. Seu colega se despediu reclamando de uma coxinha que tinha comido mais cedo. Descemos para a rua. Mohamed avisava os colegas e um dos chefes sobre a luta e a transmissão na tevê. Recebeu votos de boa sorte.

Um dia antes, logo depois de ter se pesado e confirmado a luta, ele iniciara o tradicional processo de engorda. Primeiro, reidratou-se na casa de Acácio. Jéssica lhe injetou dois litros de soro e meio litro de glicose nas veias. Os lutadores preferem assim, porque água jogada diretamente na corrente sanguínea acelera a reidratação. Cansado da noite em claro no motel, Mohamed acabou dormindo com a agulha ainda cravada no braço. Quando acordou, percebeu que o soro estava escorrendo para fora da sua veia. "Meu braço parecia o do Popeye", ele lembrou, rindo. "Depois voltou ao normal."

Três horas depois do soro comeu bolo de chocolate, barras de cereal e pão de queijo. Após mais de uma semana de uma dieta rigorosa, ele precisava engolir aos poucos para não passar mal. Jantou três pedaços de pizza e salgadinhos fritos e assados.

De sobremesa, potes de sorvete de açaí. No dia da luta, almoçou macarrão com maionese, salada de alface e peito de frango. E mais açaí. Quando subiu na balança no meio da tarde, já tinha recuperado sete quilos desde a pesagem. Agora estava com sessenta quilos, apenas três a menos que seu peso normal.

A caminho do ginásio, me falou dos golpes com os quais ele pretendia terminar a luta, chutes acrobáticos na cabeça ou no tronco do rival. "Eu treinei muito isso", ele disse. Sete de suas oito lutas anteriores tinham sido decididas pelos juízes. "Sei que agora preciso nocautear ou finalizar."

Chegamos cedo ao ginásio. Encontramos Magno fazendo os últimos preparativos para o evento, que iria atrasar. Ainda não havia torcida. Além de Mohamed, somente um lutador: um garoto de Manaus, pequeno e calado, que a mãe deixara em São Paulo aos cuidados do treinador. Como Mohamed, ele faria uma das lutas amadoras da noite. Depois chegaram Acácio, Jéssica e Raul, acompanhado da mulher. De vestido branco e casaco, Jéssica exibia sua barriga de oito meses. Enquanto as arquibancadas se enchiam, nosso grupo fez uma rodinha e começou a contar histórias de gravidez e lutas para passar o tempo. De camisa e calça formais, Magno estava focado no evento, às voltas com um rádio transmissor. Acácio e Raul acompanhariam Mohamed durante a noite, seriam seus treinadores alternativos.

Descemos para o vestiário e Mohamed começou a se aquecer, procurando driblar o frio do inverno. Acácio se pôs em frente a ele e simulou movimentos de luta. Raul, com a câmera presa na testa, filmava tudo e vez ou outra corrigia algum gesto e orientava o amigo. Outros atletas faziam o mesmo. Lentamente o local foi tomado por um burburinho de vozes amistosas, entre baques de socos e chutes. O vestiário de um torneio de MMA é um espaço de concentração e treino, mas também de reencontro: tem gente que só se vê nessas ocasiões.

O garoto de Manaus vai para a luta e minutos depois volta acompanhado de seu treinador e de outro colega. Senta no canto de um banco e abraça as pernas na altura do peito. Seu treinador lhe diz algo ao pé do ouvido e ele desaba num choro incontrolável. Seu rosto adolescente, meio indígena, enrubesce e brilha em contato com as lágrimas. Mohamed se aproxima e descobre que ele acabou de sofrer a primeira derrota da vida, depois de doze lutas e doze vitórias. "Você deu o seu melhor lá dentro", diz Mohamed, e o abraça. O choro do garoto aumenta, imune a qualquer tentativa de consolo. "Você é guerreiro", diz Mohamed, com um afago em sua nuca. "Vai melhorar muito depois disso." O garoto não diz nada e chora muito. Mohamed se despede e caminha em direção a sua luta.

Com uma bandeira azul, vermelha e branca – as cores da cidade de Guarulhos – enrolada no pescoço, uma camiseta e uma sunga coladas no corpo, dando pulos e socos no ar, por um segundo ele parece um super-herói mambembe. Sob as arquibancadas do ginásio, ele ignora a torcida que reage às lutas amadoras. Repassa os movimentos de seu treino, imaginando a sequência que vai acabar com seu adversário, um homem que um dia o derrotou.

Acácio ouve um aviso e o repassa a Mohamed e a Raul. Os três caminham em silêncio em direção aos fundos. Para chegar ao octógono, é preciso sair do ginásio e entrar por uma porta lateral. O lutador está calado, apenas mexe o pescoço, a cabeça, os braços e as pernas. Quando a porta, guardada por um segurança, se abre, um vento gelado nos atinge direto na cara. Reclamamos e trememos, todos. Menos Mohamed. Nada vai tirá--lo desse estado de quase transe.

E então algo acontece.

Ficamos sabendo que, por causa do atraso do evento e do compromisso que os organizadores tinham com o canal Esporte Interativo, as lutas profissionais seriam adiantadas, ao passo que as amadoras que ainda estavam por ocorrer seriam jogadas para o fim da noite, depois que a transmissão da tevê já houvesse se encerrado.

Mohamed então descobre que sua luta não estará na tevê. E que ele terá de esperar a noite inteira para acabar logo com aquela aflição. Impotente, volta ao vestiário, põe a calça jeans e o moletom, e espera.

26.

Quando chegou sua hora, Clécio Bruto caminhou até os fundos do ginásio e aguardou paciente o fim da segunda luta mais importante da noite. Seu treinador não precisava falar muito, ele já sabia o que fazer quando estivesse frente a frente com Flávio Álvaro. Enquanto o lutador balançava o corpo, enquanto fechava os olhos em uma oração silenciosa pedindo a proteção de Deus, o treinador e alguns colegas assistiam à outra luta no octógono. Quando ela acabou, Clécio se preparou para subir, mas então percebeu que algo não estava nos conformes.

Ele cochichou alguma coisa aos membros da equipe que o cercavam e uma onda de preocupação tomou conta de todos. "Ele esqueceu a coquilha", disse o treinador, com um risinho nervoso. Coquilha é o protetor genital que atletas de MMA usam. Obviamente, golpes nas partes íntimas são proibidos em qualquer arte marcial, mas quem está disposto a arriscar? Feito de material resistente e tiras de plástico que se prendem ao redor da cintura, esse curioso equipamento esportivo poderia ser confundido com algum item vendido em *sex shops*. Todo lutador sabe que é praticamente impossível lutar sem uma coquilha entre as pernas. Como Clécio Bruto pode ter esquecido de vesti-la antes da luta mais importante de sua carreira é um mistério ainda sem explicação. "É muita adrenalina", arriscou o treinador.

Um rapaz foi correndo à arquibancada buscar uma coquilha para Clécio. A luta anterior já tinha terminado e os atletas se preparavam para sair do *cage*. Em poucos segundos, a locutora anunciaria o principal combate da noite para satisfação dos milhares de pessoas que aguardavam ansiosamente por aquele momento, fosse no ginásio, fosse em casa, pela tevê.

"Não dá para subir sem?", perguntei ao treinador. "Não dá", ele responde. "Na minha época não tinha coquilha. A gente colocava meia, mas não resolvia. Tive que fazer cirurgia para conseguir ter filho porque o médico disse que meu esperma tava tudo morto."

Mas o MMA é um esporte coletivo, e assim a salvação de Clécio vem das mãos de um colega que já havia lutado e não precisaria mais se proteger. Clécio recebe o equipamento e rapidamente o ajeita sob a sunga.

Antes de subir, abraça cada um dos homens que o acompanham e ouve atento o discurso do treinador ao pé do ouvido. Quando seu nome é anunciado e a música começa a tocar, o treinador diz: "É a luta da sua vida. Vai se divertir". E ele sobe.

A música não tinha letra. Era uma orquestra de violinos frequentemente escolhida por lutadores nessas ocasiões, uma melodia que transmite um senso de motivação, coragem e heroísmo, justamente o que Clécio precisava para derrotar uma lenda. À frente de sua equipe, ele caminha diante do público de modo acanhado, tem o rosto besuntado de vaselina e abraça novamente os amigos. Dentro do octógono, tem uma visão privilegiada do espetáculo de terror armado por seu adversário.

Flávio Álvaro aparece com o rosto encoberto. Sua equipe, também mascarada, adula-o como se ele fosse o soberano de um universo habitado por criaturas macabras. À frente da comitiva, o lutador caminha com passadas firmes e arrogantes, vestido com máscara e camiseta de caveira. Outras caveiras, cachorros sanguinários e palhaços diabólicos compõem o séquito. São muitos, mais do que a organização do evento permite. Um funcionário tenta barrar algumas criaturas, mas

Magno permite que o show prossiga. Atrás deles, o telão com o nome do lutador se enche de imagens de chamas e descargas elétricas. Os torcedores urram. E Flávio Álvaro, ao tirar a máscara e a camiseta, revela o corpo negro e musculoso, brilhando sob a luz ofuscante do ginásio, pronto para destruir Clécio Bruto. Clécio reage como se não fosse com ele.

O árbitro os chama ao centro do octógono, e Flávio Álvaro aproxima seu rosto ao de Clécio, e o mira do alto, sem piscar, como a tentar agredi-lo com os olhos, aquele olhar assassino que ele vem ensaiando há dias e lançando em quem ousar desafiá-lo. Clécio escuta as últimas instruções do juiz impassível, o semblante sério e distante, calmo e resignado, com expressão de quem não conseguiu descer do trem na sua parada e espera para desembarcar na próxima. O árbitro dá o sinal, e Clécio parte para cima de Flávio de uma maneira tosca, como um cavalo que se desamarrou da carroça mas ainda não aprendeu a correr sem o peso dela; Flávio dá um passo para trás, talvez surpreso com a iniciativa; retoma uma posição agressiva e bate de volta. E eu penso que o massacre vai começar e temo pela saúde de Clécio, porque àquela altura eu já não consigo deixar de gostar dele, admirar sua coragem e sua resignação diante do abismo. Sinto o cheiro de sua derrota e torço para que seu fim seja ao menos rápido e indolor.

Mas eu estou errado.

"Isso parece meio desigual, né?", comenta Caio ao meu lado, um lutador do time de Guarulhos que está fazendo um bico na produção. E parecia. Clécio, muito menor, aparentemente assustado, diante de um monstro esculpido em mármore. Ele tenta acertar socos, mas Flávio mostra não se incomodar com eles e responde na mesma moeda. Flávio tenta derrubá-lo e, embora seja mais alto e aparentemente mais forte, não consegue levar ao chão o adversário, que planta os pés no tatame e evita a queda. Em mais uma tentativa sôfrega, Clécio arma uma sequência de golpes que forçam o adversário a se aproximar da grade, mas de repente, no meio do caos de braços e corpos se movendo rapidamente, uma das mãos de Flávio acerta o rosto de Clécio, e ele se desequilibra e cai no chão. Indefeso, tenta se agarrar às pernas de Flávio, que se projeta sobre o outro golpeando a lateral de seu crânio. Uma, duas, três vezes.

Eu achei que era o fim.

Mas eu estava errado outra vez.

Clécio se levanta e encontra o caminho até o corpo do rival. Ele acerta um golpe, e depois outro, e começa a se sentir mais confortável. Quando Flávio o segura pelo pescoço, diminuindo a distância entre os dois para proteger sua cabeça, Clécio mira no abdômen, acertando cruzados e joelhadas que o oponente sente como se fossem facadas. Para se defender de uma rajada de fúria, Flávio ergue os braços sobre a cabeça e seu corpo institivamente se movimenta para trás – e ele perde o equilíbrio e tropeça, convidando Clécio a prensá-lo contra a grade.

"Ele sentiu sua mão, ele tá com medo", diz o treinador de Clécio no intervalo. "A luta é sua." Clécio tem 26 anos, e isso deve fazer alguma diferença. No segundo round, a juventude e os pulmões começam a falar mais alto. Sem alternativa, Flávio agarra Clécio e o leva para a grade, tenta ganhar tempo para respirar ou para descobrir algum ponto fraco, mas Clécio adota uma estratégia inteligente e começa a chutar a perna de Flávio com força, no mesmo ponto, uma, duas, doze vezes, levando a mesma parte do músculo ao limite extremo. A cada chute, a torcida de Clécio grita muito e a resistência de Flávio desmorona um pouco.

E então, no terceiro e último round, um golpe na base daquela fortaleza engendra uma tragédia. Os dois estão no centro do octógono. Clécio chuta a parte externa da perna de Flávio, e depois chuta a parte interna. Os dois se agarram. Clécio acerta um soco na lateral da cabeça e depois um por baixo, em direção ao queixo, encontrando o único caminho possível no meio dos braços defensivos de Flávio. Os braços, antes firmes, abrem-se e esparramam-se pelo ar. Antes que Flávio possa perceber o que está acontecendo, a mão direita de Clécio se move com força e acerta o rosto dele na altura do queixo. Desnorteado, Flávio cai com as costas no chão, e seus pés sobem institivamente como a se proteger da ameaça que se aproxima. Agora não há mais nada a fazer. Caído no chão, os braços estendidos ao lado do corpo, Flávio é uma tábua prestes a ser martelada por Clécio. Que bate uma vez. E bate duas vezes. O juiz corre para se colocar entre os dois, um gesto de clemência diante do terror, e agarra Clécio Bruto pela cintura levando-o para longe.

Clécio não parece acreditar. No ginásio ouve-se "The Eye of The Tiger", música que embala as vitórias de Rocky Balboa. Ele abre os braços como a abraçar o céu e urra para o alto. Seu protetor bucal escorrega. Um amigo invade o octógono para erguer o lutador do chão.

Quando Clécio Bruto sai do meio do amontoado de corpos que estão lá para celebrar sua vitória, ele está chorando. Mas não é um choro suave, uma lágrima que escapa sorrateira do canto dos olhos: é o pranto de uma criança que se perdeu dos pais no parque de diversões. Com os olhos inchados de choro e violência, Clécio abraça Flávio Álvaro, derrotado e impotente, e depois se ajoelha a seus pés, reconhecendo que acaba de superar uma lenda.

Nos vestiários, o veterano é cercado por sua equipe e seus amigos. Ele pede desculpa pela derrota, diz que não se sentiu bem e fala das facadas que lhe rasgaram a carne a cada soco de Clécio na barriga. "Chegou uma hora que eu não queria mais estar ali", ele diz. Sua expressão, antes tão ameaçadora, parece frustrada e humilde. Ele estava sem lutar havia dois anos e aceitara o combate com Maurício Facção para provar a si mesmo que ainda podia ser o Legendário do passado. Agora se ressente de ter enfrentado um adversário mais jovem e que não precisou passar pelo desgaste da perda de peso e da desidratação.

"Você deu seu melhor", dizem os atletas de sua equipe. Todos se reúnem em volta do ex-campeão para uma última homenagem. Em uma só voz, puxam um "Parabéns a você" e dão a Flávio Álvaro ao menos um motivo para sorrir esta noite. No dia seguinte será seu aniversário de quarenta anos.

27.

Circulando pelos bastidores de torneios de MMA, já encontrei vários tipos de lutadores. Tem aquele que quer ser pastor evangélico e o que quer ser modelo fotográfico. Aquela que entrega uma bíblia às adversárias e a que divide o marido com uma segunda mulher (também lutadora). Tem o que é eletricista, tem outro que é segurança de boate. Tem os que choram na derrota e outros poucos que gargalham, admitindo que toda tragédia carrega alguma coisa de ridículo.

E tem o Vander Ferreira. Encontrei-o na porta do vestiário momentos antes de sua luta. Ele mede 1,62 metro e é bastante magro. Diferentemente da maioria dos atletas, começou a treinar tarde, por volta dos trinta anos. Hoje está com 35. Não hesita ao contar o motivo.

Começou a usar drogas na adolescência, influenciado por "amizades ruins". Usava de tudo, de cocaína a crack, de maconha a álcool combustível. Chegou a morar na rua. Para sustentar o vício, endividou-se. Não conseguindo honrar as dívidas, foi jurado de morte. Precisou fugir do estado para sobreviver. De São Paulo foi a Minas; de Minas, ao Espírito Santo. Na estrada, descobriu que um tio com quem costumava viver na rua tinha sido assassinado por causa de dívidas, num local onde ele provavelmente estaria se não tivesse fugido. "Foi um livramento", disse Vander após se converter ao cristianismo. Mais tarde, outro amigo foi morto em condições semelhantes, também numa ocasião em que ele poderia estar junto. Essas mortes por um triz lhe deram a sensação de que Deus tinha algo a mais para a vida dele. Com a ajuda do irmão, foi internado numa clínica e conseguiu se livrar da dependência química. Em São Paulo, começou a treinar muay thai e depois MMA, e a rotina de treino preencheu o vazio antes ocupado pela vida na rua.

Vive em Mairiporã, na região metropolitana de São Paulo. Conseguiu um emprego como soldador de cofres de banco, mas acabou não dando certo. Estava desempregado havia seis meses quando enfim lhe ofereceram uma vaga como instalador de conexões à internet. Seu primeiro dia no novo trabalho seria também o dia da sua luta. Acordou cedo e foi conhecer os novos colegas. Visitou uma casa para fazer uma instalação de manhã e fez outra à tarde. À noite, foi ao Ibirapuera para entrar no octógono e quem sabe conseguir mais uma vitória. "Por tudo isso que você já passou", eu lhe disse quando nos despedimos, "você já é um vencedor, não importa o que aconteça." O velho clichê combina com Vander. "Meu técnico diz a mesma coisa", ele respondeu. "E é assim que eu me sinto."

Chega a hora de Mohamed lutar. As arquibancadas não estão mais cheias porque a maior parte da torcida já foi embora após a surpreendente vitória de Clécio Bruto. A emissora já desligou suas câmeras, e o público que ficou espera que as últimas lutas entre amadores sejam ao menos animadas. Nas cadeiras, Jéssica e outros membros da Guarulhos Fight Team aguardam seu lutador entrar. Magno rodeia o octógono se certificando de que tudo está em ordem. Quando escuta seu nome, Mohamed dá um passo à frente, mas Acácio o segura: "Espera a música", ele diz. Mohamed espera.

E a música começa: "Chopis Centis", dos Mamonas Assassinas, que morreram num desastre aéreo em 1996, um ano depois de Mohamed ter nascido. Ele já disse que não gosta da música, mas neste momento pouco se importa. Ladeado por Acácio e Raul, ele se aproxima do octógono, cruza o pórtico de entrada e pisa com força com o pé direito, como a testar a resistência do tatame. Lá dentro, dá uma volta no *cage* correndo e, ao passar por seu adversário, ergue a luva e toca a mão do outro, num cumprimento.

Eles já se encontraram antes naquela mesma situação. Foi há dois anos, e Vander venceu por decisão dos juízes. Desde então Mohamed mudou de equipe e começou a vencer. Vander também conseguiu vitórias importantes. Essa segunda luta entre os dois está programada para três rounds, mas ambos vão se esforçar para que não dure tanto.

Acácio e Raul se ajeitam, Magno senta-se discretamente ao lado deles, dando orientações que deverão retransmitir ao lutador. Mohamed escuta o sinal para começar a lutar e troca socos e chutes com Vander. Os dois se agarram, e como Mohamed sabe que o adversário não é bom de luta no chão, ele o segura pela cintura, reúne toda a potência que consegue para erguê-lo até a altura do próprio peito e arremessá-lo com força contra o chão. Uma derrubada garante pontos, mas Mohamed quer mais. Em posição de controle, ele busca uma parte do corpo de Vander que possa ser retorcida no limite da fratura. Acácio e Raul, que têm uma visão privilegiada do posicionamento dos dois corpos, dão dicas conflitantes ao lutador, o que irrita Magno.

"Cada um tá falando uma coisa, se decidam aí."

Porém Mohamed sabe o que fazer. Ele se preparou para acabar a luta com um chute na cabeça ou no tronco, mas no momento em que Vander fica por cima pressionando seu corpo contra o chão, Mohamed aperta as pernas em volta dos ombros do rival e, quando ele tenta se desvencilhar, um braço escapa. Com as pernas, Mohamed isola o tronco de Vander e puxa o braço dele em direção a si mesmo, jogando seu corpo para o outro lado e criando um efeito de alavanca no braço do opositor, um *armlock*. A dor é insuportável. Para evitar uma fratura, Vander bate no joelho de Mohamed indicando a desistência. Não haviam se passado nem dois minutos.

O paraguaio levanta e celebra sua vitória correndo e pulando no octógono e depois se ajoelhando em oração. Os adversários se reúnem e se abraçam como amigos que há muito não se viam. Acácio puxa Raul e, ao lado de Mohamed, tira uma selfie que será compartilhada nas redes sociais. Ao descer do octógono, Mohamed pula no peito de Acácio, agarrando-o pelo pescoço, e trançando sua barriga com as pernas, e por um momento os dois parecem pai e filho. "Foi o meu treino, mano, igual o meu treino", diz Mohamed, exaltando as cansativas sessões na academia de Guarulhos.

Magno aparece para abraçá-lo. "Você é um pai para ele", diz Raul abraçando o sensei. O lutador vai ao encontro dos outros integrantes da equipe para festejar. Também toma um sorvete para comemorar sua vitória. Cercado de amigos, lembra que terá de esperar mais algumas horas para avisar a família sobre sua noite de glória.

A luta não passou na tevê. Seus irmãos, que moram longe do Ibirapuera, não puderam vir. Sua mãe está no Paraguai e seu pai no Líbano.

"Por que você não liga para eles?", eu pergunto.

"Não tenho crédito", ele diz.

28.

O toque do WhatsApp soou às 9h19 da manhã. Raramente estou acordado a essa hora, mas Acácio, madrugador, já tinha tido tempo até para ficar irritado.

"Não vai ter mais minha luta, acredita?", ele escreveu, e pontuou a mensagem com uma carinha vermelha. Acácio Pequeno é um lutador que não luta. Não que ele não queira, mas sempre acontece alguma coisa. Era agosto e em pouco menos de dois meses seu último combate já faria aniversário de um ano. Seu treinador, sua equipe, sua família, eu e todo mundo que se importava com ele tínhamos certeza de que ele vestiria luvas no dia 16 de setembro, um sábado, data de mais uma edição do Thunder Fight. O adversário estava acertado, o treino tinha começado, estava tudo combinado, até que desandou.

"Adiaram o evento para o dia 30", ele me explica. "Logo quando meu filho vai nascer. Aí não vai dar pra mim. Palhaçada, né?"

O nascimento de Thomaz estava previsto para o final de setembro, e Acácio sabia como ficava nos períodos que antecediam uma luta. Fome, sede, secura extrema, risco de desmaio, mau humor, nada disso combinava com a iminência da paternidade. Thomaz não merecia conhecer um pai morto-vivo. Acácio precisava fazer uma escolha: lutar ou se preservar para o nascimento do filho.

"Eu vou estar zoado, e esse momento é muito importante para mim", ele se justificou. "Você já viu como eu fico."

Eu tinha visto. E concordei com sua decisão.

E assim a luta foi cancelada, dessa vez por iniciativa dele. Ele continuou treinando, mas menos intensamente. Dividido entre os turnos de trabalho e os treinos, acabou engordando.

Dois dias depois do feriado de 7 de setembro, ele trabalhou durante a madrugada e depois do expediente correu à academia. Magno estava organizando um torneio de MMA amador e Acácio ficaria no *corner* de um atleta da equipe. Como sempre, Jéssica – a duas semanas da data do parto – ajudava na organização, ao lado de outros lutadores de Guarulhos. O dia, banal, se prolongou até o fim da tarde, quando Acácio chegou em casa e foi dormir, cansado da dupla jornada como segurança e treinador de MMA.

Depois de meses de um frio incômodo, o inverno se despedia e o sábado do feriado prolongado esquentava a vida em São Paulo. Os paulistanos saíram de casa para jogar bola e tomar sorvete, aproveitando a calmaria incomum das ruas silenciosas. De folga da redação, passei o dia fora e, quando enfim sentei no sofá da sala, abri o Facebook no celular.

Na tela surgiu uma foto.

Abri o WhatsApp e escrevi duas mensagens.

A resposta veio rápido.

Li e pulei do sofá.

O painel de controle do elevador se iluminava na altura do décimo andar, onde ficava o centro de obstetrícia daquele mesmo hospital em que Jéssica fizera a ultrassonografia no sexto mês.

Quando a porta do elevador abriu, vi Acácio Pequeno sentado num banco projetado para pessoas vários centímetros menor que ele. De bermuda jeans, camiseta preta estampada com as palavras Fight Club e tênis, tentava achar uma posição. Quando me viu saindo do elevador, abriu um sorrisão. Acho que não me esperava.

A seu lado, duas mulheres. Dona Nete, a mãe de Jéssica, e uma amiga da família, ex-mulher de um tio de Jéssica cujo casamento havia terminado, mas a amizade com a família não. Ao lado dos três, uma pilha de roupas para Jéssica e o filho, que, se adiantando à previsão dos médicos, começara a dar sinais de querer vir ao mundo.

As contrações haviam surgido no fim da tarde. Acácio dormia quando Jéssica lhe disse que deveriam correr para o hospital. Chegaram a tempo de tirar uma foto e postar no Facebook, e foi assim que descobri que Thomaz estava prestes a nascer. Jéssica estava num quarto à parte. Como queria ter um parto normal, tudo indicava que estávamos no início de uma maratona que poderia se alongar madrugada afora.

Acácio disse que estava nervoso, era um evento para o qual ele não podia contribuir com absolutamente nada. Conversamos amenidades, falamos sobre o noticiário recente e relembramos histórias de infância. Ali ao lado uma televisão transmitia uma entrevista da lutadora do UFC Cris Cyborg, mas ninguém assistia. Naquela mesma noite, a meio mundo de distância daquele hospital, Amanda Nunes se preparava para defender seu cinturão no UFC Canadá. As duas eram as únicas brasileiras, entre homens e mulheres, que detinham um cinturão de campeãs do UFC na ocasião.

E então, quase à meia-noite, alguém lá de dentro convocou um familiar de Jéssica. Enfim, o momento! Mas não: Acácio só havia sido chamado para fazer companhia a Jéssica.

Seu Alberto, o pai de Jéssica, e um primo dela chegaram depois. O pai rapidamente desistiu de esperar naquele local ao testemunhar uma grávida gritando de dor, que precisou ser amparada e levada a uma sala interna – não sem antes deixar uma poça de sangue perto de onde estávamos. "Não posso com sangue", ele disse, e tomou o elevador.

De repente, a porta por onde Acácio havia entrado se abriu e ele saiu num passo calmo, a expressão meio enigmática. Corremos para ouvir a grande notícia, já preparados para abraçá-lo, mas ele apenas disse: "Vim pegar as roupas".

A madrugada se esticava sem grandes novidades. Uma adolescente chegou para ser atendida – sentia contrações, gritava de dor e era consolada por um senhor mais velho, talvez seu pai. Outra grávida apareceu com o marido porque tinha sentido uma dorzinha e achava que estava na hora. O marido, de camisa social, calça jeans e um penteado moderno, veio me perguntar se minha mulher estava tendo neném também. "Não é minha mulher", eu respondi. "É uma amiga."

Os jornalistas normalmente fazem plantões em hospitais quando algo ruim está prestes a acontecer. Mas esse plantão era diferente. O nascimento de Thomaz não renderia notícia em nenhum veículo jornalístico. Mas eu queria testemunhar a reação de Acácio. O nascimento do primeiro filho é um daqueles ritos simbólicos capazes de mudar a vida de qualquer pessoa, e para Acácio seria a transição entre um lutador de MMA capaz de fazer qualquer coisa para vencer uma luta e um pai de família que começa a relativizar o significado de "qualquer coisa".

Era uma transição que já vinha tomando forma nos últimos meses, e eu tentava mapeá-la, relembrando os momentos que passamos juntos: Acácio se esforçando para descrever seu sentimento em relação à paternidade; engolindo seu orgulho e aceitando morar com Jéssica numa casa cedida pelo pai dela; largando os treinos para reformar a casa e deixá-la confortável; montando o armário e o berço de Thomaz; acompanhando Mohamed na difícil noite da desidratação; aconselhando, incentivando e consolando o amigo como um dia fará com Thomaz; se resignando diante das coisas que ele não pode mudar, como a fatalidade de sua grande luta ter sido marcada para o mesmo dia em que seu filho iria nascer.

Descemos para a lanchonete. Encontramos Acácio. As contrações de Jéssica haviam se espaçado, o bebê ainda demoraria. A família dela, muito cansada, voltou para casa para tomar um banho, descansar. Fico. Encontro um canto, sento e encosto a cabeça na parede. Na televisão passa um reality show envolvendo lutadores de judô. Durmo.

E acordo com o celular vibrando outra vez.

9h52.

Uma foto de Jéssica acabando de acordar.

11h55: "Ela entrou em trabalho de parto".

Agora já não dá pra dormir.

12h04: "Nasceu".

Era o dia 10 de setembro de 2017.

Um pouco antes das duas da tarde, Acácio me manda duas fotos de Thomaz: uma berrando no colo de Jéssica, outra mamando. Quando o encontro, ele está radiante – quer dizer, tão radiante como pode estar um sujeito introspectivo. No berçário, uma enfermeira dá banho no bebê. "Presta atenção que daqui a pouco é você que vai ter que fazer isso", eu digo. Acácio observa como quem toma notas mentais. Pergunto o que muda em sua vida agora. "Tudo", diz, depois de refletir.

Toda sua energia, seu esforço, tudo o que ele tinha de melhor na vida havia sido canalizado para aqueles quinze minutos no octógono. Trabalho e treino, dieta e briga com o próprio corpo – aquela era a vida que escolhera. Mas agora a coisa tinha mudado de figura. "Não dá para fazer as mesmas coisas, não dá para ser do mesmo jeito. Agora eu não vivo mais só para mim. Eu vivo para ele também."

Markus Maluko, com quem Acácio lutaria pelo cinturão do Thunder Fight, o sujeito que tinha cancelado o confronto alegando uma lesão, seguira em frente e poucos dias antes vencera uma luta num torneio nos Estados Unidos. Estava a um passo do UFC. Acácio mandara os parabéns e desejara sucesso. Apesar das desavenças, queriam o bem um do outro.

Estávamos em setembro. Em outubro ele tinha uma luta marcada. A primeira no ano, a primeira em que ele teria de conciliar trabalho, treinamento, dieta e paternidade.

29.

Outubro trouxe uma boa notícia. Depois de três tentativas frustradas, Acácio havia encontrado um adversário, e agora a coisa parecia pra valer. O Thunder Fight tinha conseguido um patrocínio da Prefeitura de São Paulo e confirmara um evento no dia 11 de novembro. A luta de Acácio contra o paulista Cassiano Tytschyo era uma das mais esperadas. O anúncio foi feito nas redes sociais: Acácio em pose de ataque, sustentando um olhar matador, chutava um adversário que o corte da montagem não revelava.

Ele precisava perder peso, mais peso do que nunca. Nos meses de inatividade engordara muito e agora eram trinta os quilos excedentes. Logo que soube da notícia, deu início ao processo conhecido: treino pesado, fome, sede, mau humor...

Nessa época ele tinha dois empregos novamente. Trabalhava numa firma, voltava pra casa e tirava um cochilo, treinava no fim da tarde e corria para a segunda firma. Mal tinha tempo de estar com Jéssica e Thomaz.

Mas a balança não retribuía na mesma proporção de seu sacrifício. Como não emagrecia apenas com a restrição alimentar e a intensificação dos exercícios, ele reduziu drasticamente a ingestão de água logo no começo do processo, medida que só costumava tomar no final da preparação. Desidratado, viu seu corpo secar e se animou.

No último dia do mês, já tinha perdido doze quilos. Vestiu uma capa de chuva grossa, algumas camadas de roupa de inverno e, acompanhado da mulher, seguiu para a academia para mais um treino. O celular tocou. Era uma mensagem de Magno Wilson.

Na semana seguinte eu visitei Acácio. Encontrei-o varrendo a frente da casa. Eram seus primeiros dias de férias e ele dedicara a manhã a lixar a grade do portão, que seria pintada no dia seguinte. Agora, no meio da tarde, recolhia poeira, ferrugem e restos de poluição. Ao me ver, Meg pulou e latiu como se o mundo estivesse prestes a acabar.

Logo Jéssica chegou com Thomaz e o acomodou ao lado do sofá da sala. Com seus dois meses de vida, quando não estava dormindo ou mamando, chorava. Mas naquele momento, excepcionalmente, mirava o teto.

Perguntei a Acácio como tinham sido os últimos dias.

Em um mundo paralelo no qual um hipotético Acácio não havia recebido aquela mensagem de um hipotético Magno, agora esse hipotético Acácio estaria na véspera da pesagem de sua luta, o pior dia de todo o processo de secagem – boca seca, fome leonina, mau humor, raciocínio letárgico. E mesmo assim estaria correndo numa esteira ou pedalando para entrar no peso da categoria. Entre um exercício e outro, elaboraria estratégias para derrotar Cassiano Tytschyo, que tinha quase quarenta lutas oficiais em seu cartel. Quem sabe a vitória pudesse significar um passo adiante em direção ao projeto de lutar no maior torneio de MMA do mundo.

Mas esse era um mundo hipotético.

No mundo real, o Acácio real que tinha recebido a mensagem do Magno real estava sentado no sofá da sala, com um sorriso no rosto e o filho recém-nascido no colo, uma cachorra presa no quintal e a mulher no quarto, descansando. No mundo real, Acácio não era um lutador arriscando a vida para alcançar a glória. Era um pai de família curtindo os primeiros dias de férias.

Ele mostrou um *printscreen* da tela de seu celular daquela conversa com seu sensei. Em seu WhatsApp eu li o seguinte:

Acácio: 104,500
Magno: Vamos ver até sexta
Magno: São 10 kg
Magno: Não corta a água não
Acácio: Tá (*ele já tinha cortado a água*)
Magno: Fica com Deus, filho
Acácio: Amém, o senhor também
31 de outubro de 2017
Magno: Filho, o evento vai ser adiado. Ou dia 25 ou dia 2...
Ainda não me confirmaram... ou seja, temos mais tempo.

Aquilo era um cruzado na boca do estômago. Ele se sentiu mais uma vez ultrajado, desrespeitado por uma organização que não fazia questão de cumprir suas promessas. Ele já tinha se programado para lutar no dia 11, e logo depois, ganhando ou perdendo, viajaria com Jéssica e Thomaz. O pacote numa pousada em Paraty já estava pago.

Acácio não hesitou. Teve uma conversa ríspida com Magno, aventou abandonar de vez a carreira de atleta. Depois de alguns dias com a cabeça quente, pensando nos mais de dez quilos que tinha perdido à toa e em como a sua vida era um amontoado de expectativas que pareciam perto de dar certo e no fim não davam, ele refletiu sobre sua vida e, numa conversa franca que tivemos, fez um balanço sobre o último ano.

Quando nos conhecemos, mais de um ano antes, ele mal conseguia falar, focado na perda de peso. Após vencer Quemuel Ottoni por decisão dos juízes, ele esperava que a carreira deslanchasse. Seu nome era cotado pelos empresários do UFC: mais algumas vitórias sobre rivais duros poderiam levá-lo ao maior torneio do mundo.

Em 2017, Acácio liderava um dos rankings brasileiros da categoria peso médio. O segundo colocado era Markus Maluko. Alguns dias antes de Acácio saber que sua luta não aconteceria na data prevista, ele viu no Facebook que Maluko tinha acabado de ser contratado pelo UFC.

Trajetória ainda mais meteórica teve Paulo Borrachinha, que era o terceiro daquele ranking. No começo de novembro, dias depois de Acácio saber que o Thunder havia sido adiado, Borrachinha viu seu nome ser alçado a um patamar inacreditável quando deu as caras no Madison Square Garden, o templo do esporte americano.

No mesmo ginásio onde já lutaram Muhammad Ali, Joe Frazier e Evander Holyfield, Borrachinha teve uma estreia inesquecível. Depois de nocautear o sul-africano em sua primeira luta no UFC, em Fortaleza, ele nocauteou um americano no Rio. Chegou a Nova York como o principal brasileiro de um evento cuja importância podia ser medida pelos cinturões em jogo. Naquela noite, eram três cinturões – em geral as datas do UFC têm apenas uma disputa de título, às vezes nenhuma.

O adversário de Borrachinha também não era qualquer um, mas Johny Hendricks, antigo campeão da categoria. O mineiro passou a semana nos Estados Unidos se apresentando à imprensa internacional. Deu entrevistas num inglês esforçado, declarando que não estava ali a passeio. E que lembrassem de seu nome no futuro. Traduziu seu apelido para "The Eraser", explicando que ele "apagaria" todos os demais.

A postura confiante se manteve no momento da pesagem cerimonial. Ao se encontrar com Hendricks, olhou-o nos olhos e disse, em inglês: "Você não tem nenhuma chance, você sabe disso". Hendricks, oito anos mais velho, não pareceu levar a bravata a sério e apenas sorriu. Mas quando os dois entraram no octógono do Garden, Borrachinha cumpriu sua palavra. Hendricks não teve a menor chance.

Antes mesmo de deixar Nova York, Borrachinha ouviu do presidente da organização uma frase que ele jamais esquecerá: "Esse garoto vai ser uma lenda", disse Dana White, numa entrevista à imprensa mundial. No Brasil, um país que vivia um hiato desde que Anderson Silva e Vitor Belfort encontraram a curva descendente na carreira, Borrachinha foi apontado como um candidato a ocupar o lugar deles no panteão do MMA nacional.

Acácio não viu a luta de Borrachinha ao vivo porque naquele momento estava trabalhando como segurança em Guarulhos.

Quando conversamos sobre a ascensão do mineiro, lembrei-o de que, na primeira vez que o mencionei, Acácio deu a entender que não o considerava grande coisa. Era impressionante, e um tanto cruel, que em um ano os dois estivessem em patamares tão diferentes. Acácio acreditava que Borrachinha e Maluko tinham uma grande vantagem sobre ele: nenhum dos dois precisava trabalhar em outros empregos, podiam se dedicar exclusivamente aos treinos.

Olhando de fora, parecia que sua carreira estava em uma curva descendente. O ano de 2017 tinha começado cheio de expectativas, mas a maioria delas tinha virado frustração antes do fim do ano. Mesmo João e Pepe, os cineastas gaúchos que haviam se empolgado com a chance de levar a história de Acácio para a grande tela, tinham posto o projeto em suspensão, tentando buscar uma forma de financiá-lo.

"Você se sente decepcionado?", perguntei ao lutador depois de um tempo. "De ver aonde você queria chegar e onde você de fato chegou…" Sim, é claro. Mas não duvidara em nenhum momento de que havia tomado as decisões certas. "Eu quero ficar com esse carinha aqui", ele disse, beijando a barriga do bebê. Era bem provável que ele terminaria 2017 sem entrar no octógono.

"Deus me livre se acontecer alguma coisa comigo. Como vão ficar as coisas aqui em casa?" E exibiu uma cicatriz entre o polegar e o indicador de uma das mãos. "Quando eu quebrei essa mão aqui, fiquei quatro meses sem receber salário. Como vou ficar quatro meses sem receber salário hoje?"

Os promotores daquele evento não pagaram nem um real para ajudar no tratamento. Durante o período em que ficou fora de combate, chegou a fazer empréstimos em banco para pagar as contas. A dívida, que agora estava por volta de quatro mil reais, só seria quitada dali a três meses.

30.

Acácio também havia tomado uma decisão ainda mais dramática: nunca mais disputaria na categoria de 84 quilos. Isso significava que sua próxima luta, se houvesse, seria entre os meio-pesados, aqueles brutamontes que no dia da pesagem devem cravar 93 quilos.

E isso acarretaria consequências nada desprezíveis. Em primeiro lugar, Acácio retrocederia vários passos na carreira. Seu nome havia sido construído como um lutador peso médio e era assim que as pessoas o viam. Ele era comparado a outros pesos médios, seus possíveis adversários eram todos pesos médios e, se um dia o UFC pensasse em seu nome, seria para preencher uma vaga nessa categoria. Como meio-pesado, ele começaria do zero: para ser lembrado, teria que vencer algumas lutas contra adversários de peso igual. Mudando de categoria, ele também perderia uma vantagem competitiva porque, combatendo contra lutadores de 84 quilos, ele em geral era mais forte e mais alto. Ou seja: como meio-pesado, o UFC se tornaria cada vez mais distante.

"O UFC é um sonho meu, o pessoal fala 'UFC, UFC', mas não é uma obsessão. Tem outros eventos, outras possibilidades", ele me explicou. "Se não der o UFC, pode dar outro."

Por outro lado, lutando numa categoria cujo peso é mais próximo de seu peso real, ele não precisaria perder tantos quilos antes de cada combate, e isso significava mais tempo e mais disposição para curtir sua família.

Quando perguntei se ele vislumbrava o dia em que desistiria de vez de ser lutador e abraçaria uma vida totalmente normal, como a de seus vizinhos, ele não descartou a possibilidade. "Mas acho que eu sempre vou treinar e lutar, porque quando não luto, quando fico longe da academia, eu sinto falta. É uma coisa que me completa, que eu gosto de fazer. Mas pode ser que eu fique lutando por aqui por perto mesmo, de vez em quando, como outros caras fazem."

Acácio tinha o apoio de Jéssica em sua resolução. Ela voltara a treinar, mas ultimamente a maior parte de seus dias era dedicada ao filho e ao marido. Discutimos amenidades até o fim da tarde. Quando o assunto enveredou para a política, percebi que o casal difere. Acácio se definiu de direita, defendeu as tradicionais bandeiras conservadoras e afirmou fazer campanha entre os amigos. E mais: duvida que o Brasil tenha vivido uma ditadura. "Foi apenas um regime militar, ditadura é o que tem na Venezuela." Jéssica o considera um radical e prometeu levá-lo a um museu para que ele conheça as histórias de quem sofreu nos anos de chumbo. "Você vê que os opostos se atraem mesmo", ela disse, encerrando a discussão com um sorriso divertido.

No dia seguinte, ela levaria o bebê para tomar vacina de manhã; à tarde, Magno Wilson viria buscá-la para arbitrar um evento de MMA na Zona Leste. Acácio não quis assistir a essas lutas: passaria o dia pintando o portão da casa. Já tinha comprado as latas de tinta e os pincéis. Me convidei para voltar no dia seguinte.

Acácio fazia uma tapioca com queijo e presunto quando cheguei. Jéssica já tinha levado Thomaz para ser vacinado e contou que ficara aflita ao ver a perninha dele sendo espetada. Ele até que reagiu bem, exceto quando lhe pingaram gotinhas, que ele odiou.

Na pequena rua onde sua casa se misturava imperceptível às demais, o dia começava agitado e os cachorros dos vizinhos entoavam uma sinfonia caótica de latidos e rosnados. Presa na sala, Meg respondia histérica, ameaçando ganhar a rua pulando através da janela. Na frente da casa de Acácio, o restaurante e pizzaria do Paulinho oferecia pratos feitos, marmitas e um razoável mosaico de opções no self-service. Ao lado, a igreja Assembleia de Deus Videira Verdadeira anunciava cultos às terças, quintas e domingos, das sete às nove da noite. Um garoto lavava o carro do pai. Vendedores divulgavam frutas "muito doces" e ovos "muito grandes e gostosos".

Acácio se prepara para pintar o portão. Com uma varinha de metal, mistura a tinta. O portão será branco e azul. Ele submerge um rolinho na lata. Sobe num banco para alcançar a parte mais alta. O sol se intensifica, ele franze o cenho. Pinta uma ripa de madeira acima do portão, em sentido horizontal, da esquerda para a direita. Um filete de tinta branca escorre sobre sua mão e desliza para o braço. Acácio continua o trabalho pacientemente.

"Vou trocar essa roupa," ele diz. E entra em casa. Reaparece com uma camiseta velha e rota do Corinthians, dada por um cunhado quando ele ainda morava em Minas. Retoma o trabalho. E então a lã do rolinho se desprende do cabo e cai em seu rosto. "Isso que dá comprar coisa da China." Tenta consertar mas não consegue. Decide prosseguir com um pincel. Mas com o pincel a tinta não adere tão bem à madeira. Não gosta do resultado mas se conforma.

Quando Jéssica aparece para ver como andam as coisas, Acácio pergunta o que terá de almoço. "O que você quer comer?", ela devolve. "Quero comer comida, tanto faz." Ela faz uma lista de possibilidades, ele concorda. Diz que vai precisar ir ao mercado, ele concorda. Mas antes vai passar na loja de material de construção para comprar uma peça para o chuveiro que quebrou. Diz que quem vai consertar é ele. Ele concorda.

Thomaz está na cozinha sozinho, olhando para o teto. Estranho que ele não tenha começado a chorar na ausência da mãe. "É uma questão de tempo, você vai ver", diz Acácio, enquanto trabalha. E logo Thomaz dá sinal de vida, um tipo de vida em forma de choro agudo e desesperado. Acácio vai acudi-lo. "Que foi, papá?", ele pergunta em língua de bebê. "Papai vai colocar uma musiquinha para você dormir."

Quando a ripa está totalmente branca, Acácio a examina e se mostra satisfeito. Ainda tem pela frente a parte mais demorada, a grade do portão. Ele abre a lata de tinta azul e mexe. "Quer sujar um pouco as mãos?", me pergunta.

E me entrega um pincel e um vasilhame cheio de tinta. Subo num banquinho, ele em outro, cada um de frente a um lado do portão. Começo passando o pincel nas pontas das flechas acima de cada haste de metal, cuidando para não derramar tinta no chão. Acácio não se importa: "Depois eu tiro tudo com a espátula".

O sol sobe, o calor aumenta. Meg escapa da sala bem na hora que outro cachorro se aproxima do portão. Eles se enfrentam, latem e rosnam, uma briga parece iminente. Acácio age rápido, corre e se coloca no meio deles, com um árbitro separando dois lutadores ao fim de um assalto. "Ela quer namorar, essa safada", diz. "Temos que castrar logo."

Voltamos aos pincéis. Trabalhamos em silêncio, que só é interrompido quando um vizinho passa cumprimentando e elogiando o serviço. De vez em quando Acácio quebra o silêncio. "Talvez eu lute em dezembro", ele informa. "Um evento russo que vai fazer uma edição no Brasil. Mas não é nada certo. E se eu lutar vai ser no peso pesado para não ter que fazer dieta." Imagino Acácio esmagado por um russo de 130 quilos, mas ele não se estende muito no assunto. Tem outras preocupações. "Eu não queria esse azul", ele diz. "Queria mais escuro."

Jéssica anuncia o almoço. Escondidinho de frango, batata frita, arroz integral, feijão e salada de alface e pepino. Alface é a única coisa que Acácio pode comer à vontade quando está de dieta. Mas agora, como não está de dieta, ele come de tudo e repete o prato.

De volta ao trabalho, Acácio sente preguiça, vontade de deitar e não fazer nada. O sol nos atinge em cheio e ele reclama que seu pé está queimando. Cada nuvem que passa é saudada como um alento, cada ventinho como um incentivo a continuar. As mãos de Acácio estão coloridas, as minhas, cansadas. No calor das três da tarde da primavera quase verão, ele pinga de suor, como pingava naquela noite no motel de mais de um ano atrás, logo que nos conhecemos. Ofereço água, ele recusa.

Jéssica sai para comprar um bolo para Mohamed, que faz aniversário naquele dia, mas só poderá comemorar depois de lutar num torneio na academia de Guarulhos. "Ele está de dieta, o bichinho." Ainda faltam novecentos gramas.

No fim da tarde, quando o serviço está quase terminado, Jéssica surge com o cabelo escorrido nas costas, camiseta e calça jeans pretas. Em seus lábios, batom na cor castanha, a mesma de seus olhos. Magno Wilson tinha chegado. O treinador estaciona o carro e cumprimenta seu lutador. "E essa vida de adulto?", ele pergunta. Acácio sorri.

Magno me vê sentado no chão, pintando a base da grade. "Sobrou até para você?", ele estende a mão para me cumprimentar. "Está todo suado." "Tem um pincel sobrando se você quiser", rebato.

Depois de entregar Thomaz aos cuidados de uma irmã, Jéssica se despede do marido. "Ele está com diarreia. Se tiver febre, dá um remedinho." Acácio franze o cenho e torce a boca. Eles gostam de fingir ciúme. Ela entende a brincadeira. Entende sua expressão de contrariedade ao vê-la saindo para passar a noite inteira longe dele.

"Não faz essa cara", ela pede, rindo.

Ele continua fazendo a cara.

Então Jéssica segue em frente e entra no carro de Magno, e os dois viram a esquina rumo a mais uma noite de lutas de MMA.

Acácio desfaz a cara e volta a pintar o portão.

Crédito das imagens

Capa
Marcos Vilas Boas.

p. 86 [acima] Jéssica Negrão.
p. 86 [centro e abaixo] Adriano Wilkson.
p. 87 Robson Gomes/Divulgação/Thunder Fight.
pp. 88-89 Tiago Liasch/Divulgação/Thunder Fight.
p. 90 [acima] Divulgação/Torres Fight Championship.
pp. 90 [abaixo à esquerda] Getty Images.
p. 90 [abaixo à direita] Marcos Vilas Boas.
p. 91 Marcos Vilas Boas.

© Adriano Wilkson, 2018

Todos os direitos desta edição reservados à Todavia.

Grafia atualizada segundo o Acordo Ortográfico da Língua
Portuguesa de 1990, que entrou em vigor no Brasil em 2009.

capa
Alex Cassalho
Ciça Pinheiro
preparação e edição de texto
Maria Emilia Bender
revisão
Vanessa Gonçalves
Débora Donadel
checagem
Luiza Miguez

Dados Internacionais de Catalogação na Publicação (CIP)
——
Wilkson, Adriano (1988-)
A grande luta: um atleta brasileiro entre
a glória e o abismo: Adriano Wilkson
São Paulo: Todavia, 1ª ed., 2018
192 páginas

ISBN 978-85-93828-52-2

1. Biografia 2. lutas de MMA
3. Reportagem I. Título

CDD 927
——
Índices para catálogo sistemático:
1. Biografia: lutas de MMA 927

todavia
Rua Luís Anhaia, 44
05433.020 São Paulo SP
T. 55 11. 3094 0500
www.todavialivros.com.br

fonte
Register*
papel
Munken print cream
$80\,g/m^2$
impressão
Ipsis